中国民俗文化丛书　主编　刘魁立
中国民俗学会组织编写

民俗文化

一个人从在胎中孕育直到死去
甚至到死去很久很久，都始终处于民俗的环境中
民俗像空气一样是人们须臾不能离开的。对于民众社会来说
民俗又是沟通情感的纽带，是彼此认同的标志，是规范行为的准绳
是维系群体团结的黏合剂，是世世代代锤炼和传承的文化传统

少数民族服饰

苏日娜　编著

中国社会出版社

序

中国民俗学会会长　刘魁立

人生活于文化之中，正像人离不开空气一样。《周易》说："观乎天文，以察时变；观乎人文，以化成天下。"无论汉语"文化"一词是否由此而来，这段话至少说明，我们的祖先向来对文化的重要性有十分清楚和极其深刻的理解。文化确乎是人之所以成为人、人类之所以成为人类的根本标志。人创造了文化，文化也创造了人，从这个意义上也可以说，人是文化的动物。

从文化本身来说，相当长一段历史时期的传统文化可以粗略地、也是相对地划分为两大分流，即所谓上层文化(或称高层文化、雅文化、精致文化……)和下层文化(或称基层文化、底层文化、低层文化、民间文化)。

民间文化是人民群众创造的最古老的文化，因为它的根源可以追溯到人类发展的初始阶段；民间文化同时也是最年轻的文化，因为它仍然活生生地存在于人民的日常生活和口碑之中。民间文化还是整个社会文化的基础，并且具有极强的生命力。上层文化往往是对民间文化选择、改造和精致化的结果。

民间文学、民间艺术是民间文化中最富色彩的一个组成部分。它在人类创造的一切艺术中，生命最活跃，涉及最广泛。它以古朴纯真的艺术手段，反映着人民群众的现实生活、理想和追求。它的无数珍品，是当之无愧的美的典范。没有了它，人类将失去多少童真的回忆；没有了它，人类的爱祖国、爱家乡将会缺少多少实际可感的具体内容；没有了它，人类的欢乐、悲伤也将变得干枯而平淡；没有了它，人类将会失掉多少生活的甘美和幽默……

万家社区图书室援建和万家社区读书活动，是建设社会主义文化和建设社会主义新农村的一项战略举措。我们作为受到农民兄弟哺育和培养的知识界、文化界，有义务用学来的知识回报衣我食我的广大农村的父老乡亲，这不仅是我们的社会责任，也是我们的荣耀。

中国民俗学会在这项重要活动中，承担有关中国民间传统文化的约50种图书的撰写工作。我们组织了学养很高的包括大批教授、研究员在内的专家队伍，来完成此项写作任务。他们在相关领域里，学有所长，业有专攻。所有作者都以光荣志愿者的精神，以科学严谨的态度，用生动活泼的文字，把相关的准确而丰富的知识呈献给农民兄弟和城镇社区的读者。完成这项具有重要意义的写作任务，是我们人生当中一件值得骄傲、值得自豪的事情。

中国民间文化是世世代代锤炼和传承的文化传统，其中凝聚着民族的性格、民族的精神、民族的真、善、美，是中华民族彼此认同的标志，是祖国同胞沟通情感的纽带。历史悠久、内涵丰富的传统文化也是我们中华民族对人类文化多样性发展的巨大贡献。急遽变化的时代在淘洗着传统的民间文化。在当今时代，我们尤其有必要对我们丰富淳厚、历史悠远的民俗传统立此存照，将其中的优秀部分及其真谛展示给包括农民兄弟在内的广大民众，使他们对中华大地、对祖国同胞、对优秀的文化传统和淳厚的民俗民风怀有更深刻的眷恋、热爱和崇敬。继承和发扬中华民族创造的非常丰富而优秀的非物质文化遗产，是我们的幸事，也是我们的历史责任。

我希望在大家的共同努力下，民间文化之花越开越鲜艳，为我们祖国、为我们中华民族赢得一个永恒的春天。

前言

苏日娜

中国少数民族服饰，内容丰富，绚丽多姿，是各民族优秀历史文化的重要积淀。是各少数民族在特定的地理环境中，基于对不同生产、生活方式的理解与适应，以及在对精神世界(真、善、美)的追求中逐步形成的。每一个民族的服饰都体现出族群面貌和形象标志。同时随着民族的迁徙、聚居和繁衍，服饰又是区别于外族及民族自我认同的标志。服饰通过民族的传承方式，循环不息，代代相沿。

中国少数民族服饰，风格独特，内涵深刻。由于各民族所居住地区的不同，经济生活和文化类型的差异，少数民族服饰无论质地、纺织、色彩、款式、制作、工艺、装饰等诸方面，各具鲜明的民族特色、浓郁的地域特征、独特的审美情趣和迷人的宗教图腾等。以捕猎为主要经济生活的赫哲族早年曾以鱼皮为制衣材料。长期从事狩猎的鄂伦春、鄂温克等民族则用动物的毛皮和筋缝制衣服。从事畜牧业的蒙古族、藏族、哈萨克族、柯尔克孜族、裕固族等，穿戴多取自于牲畜皮毛。从事农业的少数民族则以当地出产的棉麻丝为原料，纺织布帛丝绸，缝制衣服。少数民族的纺织、鞣皮、擀毡等工艺，有着悠久的历史，如黎族的木棉布、藏族的氆氇、维吾尔族的爱得丽丝绸、鄂伦春的皮毛制品等久负盛名。

少数民族服饰款式纷繁，各自有异。大体上有长袍和短衣两大类。穿袍子的民族一般戴帽穿靴，穿短衣的民族多头戴缠帕。袍子形制也多种多样，有蒙古、满、土等民族的高领大襟式；有藏、门巴等族的无领斜襟式；有维吾尔等族的右斜襟式；还有坎肩式长袍。短衣有裤和裙之别。少数民族裙子款式有百褶裙、筒裙、短裙、连衣裙等。无论是袍、裙、裤，不同的民族在结构、工艺、风格等方面都有差别。同是高领大襟袍，有开衩和不开衩的，有前后开衩的，有前后开衩和周围镶边的。黎、景颇、德昂等民族妇女都穿筒裙，但黎族为棉制锦裙、景颇族为毛织花裙、德昂族为横条纹裙。少数民族的刺绣、蜡染等工艺相当发达，并广泛用于服饰装饰上。刺绣更是各民族普遍喜爱的工艺，一般运用在头巾、腰带、围裙以及衣襟、环肩、下摆、袖口、裤脚、裙边等易损部位，既起装饰作用，又有实用价值。少数民族服饰，有很多寓意深刻的花纹图案、吉祥图案和几何纹样等等。

本书简要介绍了我国55个少数民族的服饰文化，并配有民族服饰图片，图文并茂、通俗易懂。既注重知识性与趣味性相结合，又在描述千姿百态的各少数民族服饰的基础上尽可能地传播少数民族民俗文化，使广大读者在欣赏争妍斗奇的少数民族服饰的同时，能够更多地了解中国少数民族民俗文化。

目录

第一章

内蒙古及东北地区少数民族服饰

满族

满族在我国少数民族中，人口居于第二位。据2000年全国人口普查统计，满族现有10,682,262人，主要分布在辽宁、吉林、黑龙江、河北、北京、天津、上海、宁夏、内蒙古及新疆等省、市、自治区。满族历史上曾有语言文字，满语属于阿尔泰语系满—通古斯语族满语支。

满族起源于我国东北地区的“白山黑

水”间，历史悠久，源远流长。最早从3,000多年前的肃慎到后来的挹娄、勿吉、靺鞨、女真。公元1583年努尔哈赤用30年的时间统一了女真各部，建立起集政治、军事、生产为一体的“牛录”——八旗制度。公元1635年皇太极下令废除女真旧称。定族名为满洲，从此，出现了满洲这个民族。第二年皇太极在盛京(今沈阳)称帝，定国号为大清。公元1644年清军入关，定都北京。辛亥革命后，满洲被简称为满族。满族历史悠久，文化发达。其服饰高雅华丽，在我国民族服饰文化中独树一帜，历史上曾对我国的服饰发展有过很大的影响。

旗袍是满族最具有民族标志性的服饰。旗袍来源于努尔哈赤统一女真各部，建立后金政权，并推行八旗制度，各旗的满族人们所穿的“袍服”便称为“旗袍”。满族贵族入关统治中国后，清太宗皇太极认为清朝帝王应当维持本民族的生活方式和传统习惯，尤其应维持统治者的民族标志性服饰。满族制定和完善清朝的衣冠制度，主要内容是不许亲王大臣学汉人穿褒衣博带、宽袍大袖等。并要求在宫廷里的侍女奴仆都穿满族服装，汉人成年男子衣着发式必须遵从满族的习惯，只有在死后入殓殡葬时方可用汉人衣冠。

满族妇女穿的旗袍，是一种特殊的女式袍

满族妇女旗袍

子。它是在北方游牧民族传统服饰——马甲的基础上演变而来的。传统旗袍的基本款式为圆领、大襟、高开衩。宽腰直筒、衣袖肥大，长至脚面。一般在衣裾上镶绣有纹饰各异、宽窄不同的精美花边。以镶的花边越多越美。后来随着社会的发展变化，旗袍演变出多种款式，时而宽松繁饰，时而紧身素雅。其流畅的造型、华美的纹绣、性感而含蓄的风格，充分展示出东方女性的神韵和魅力，故而深受世人的喜爱，成为流行长久的东方服饰代表。与旗袍相配，脚穿鞋底高约15～20厘米、上宽下窄、形似花盆的“花盆鞋”，俗名“马蹄鞋”。

满族的头饰也很有特点。过去，男女都要留头发、结辫。妇女发型富于变化，同男子一样，成年后留发、结辫，或绾或髻。髻的名称和式样也有多种，最为典型的是满族民俗生活中称之为“两把头”的发髻。“两把头”在旗人中广泛流行，所以，又叫“旗头”、“旗发”。特别是出席一些盛大场合时必须梳“两把头”，这种发型是将头发束在头顶，然后分成两绺，绾成一个横的长髻，再将其余的头发梳成一个燕尾形的扁髻，压在颈脖的后面，行走时脖子不随意转动，与旗袍相配非常协调，显得端庄、典雅。富贵旗人还要在上面带上扇形花冠。“两把头”与旗袍、“马蹄鞋”搭配，充分体现出满族女性端庄优雅的旗人气质。

满族妇女有“一耳戴三环”的习俗。满族上层社会的妇女对头饰非常讲究，不仅要戴“钿子”(一种用青绒、青缎做成饰有珠翠的头冠)，而且要插上各种各样的饰物，如压髻针、花针、大耳挖子、小耳挖子等。现在东北地区的满族妇女仍保留着这种古老的习俗。

满族妇女擅长刺绣，她们喜欢在衣襟、鞋、荷包和枕头等物品上绣上花卉、芳草、鹤鹿、龙凤呈祥、百年好和等图案。

蒙古族

蒙古族是一个勤劳勇敢、对中华民族贡献卓著的民族。据2000年全国人口统计，我国蒙古族有5,813,947人，主要聚居于内蒙古自治区，其他广泛分布于我国东北、西北及西南等地区。蒙古族有自己的语言文字，蒙古语属于阿尔泰语系蒙古语族。

蒙古族是一个有着悠久历史和辉煌文明的游牧民族。蒙古族起源于古老的东胡系蒙兀室韦，早在公元7世纪，其先祖已出现在唐代文献记载中，当时活动在额尔古纳河下游的大兴安岭北端，过着半狩猎、半游牧的氏族生活。马是他们朝夕相处的亲密伙伴，车帐是他们的游动居所。大约在公元9世纪，蒙兀室韦离开额尔古纳河，西迁至斡难河源的不儿罕山一带驻牧。公元1189年，蒙古草原上的乞颜部贵族推举铁木真为首领，经过18年的激烈战争，铁木真终于统一了东部草原上的蒙古各部。于1206年，在斡难河源头举行忽勒里台（重大集会），铁木真被各部推举为成吉思汗（意思为“海洋般的大汗”），大会上竖起了象征威严和圣洁的九游白纛（dào）旗，建立了叱咤风云的蒙古汗国。蒙古汗国的建立，为人类历史谱写了极其辉煌灿烂的篇章，世界永远记住了一位伟人的名字，那就是被尊为“一代天骄”的元太祖成吉思汗。公元1268年，成吉思汗之孙忽必烈(1215—1294年)，在开平府继承蒙古汗位，进而在中原地区建立了统一的元王朝政权。元太祖成吉思汗及其子孙从13世纪登上世界舞台，先后在蒙古大草原建立了蒙古汗国，在欧洲建立了金帐汗国，在西亚建立了伊利汗国，在中亚建立了察哈台汗国和窝阔台汗国，在中原地区建立了多民族统一的元朝帝国以及与明朝对峙的北元政权。

元朝的建立，对中国现代疆域的形成、行省建制的确立、中西文化的交流、农牧经济的相融、驿站航运的开发、天文地理的研究等方面，都做出了创造性的贡献，促进了古老的中国走向世界，促进了世界东西方文化的交流，为中华民族及世界文明做出了卓越的贡献。

蒙古族服饰有着浓郁的草原文化特征和适应游牧经济生产、生活的特点。主要由帽子、蒙古袍、坎肩、汗褟子、衬衣、褂子、答护、腰带、裤子、套裤、靴子、鞋、袜子、饰物等组成。由于所处地区和季节环境的不同，各具特色。男装恢弘大气，女装精美华贵。

蒙古袍是蒙古族最具代表性的服饰。蒙古袍的种类繁多，有冬天穿的较厚实的蒙古袍，也有夏天穿的较单薄的蒙古袍。男袍一般比较宽松肥大，缩口长袖或马蹄袖、高立领、大斜衽、扇形大下摆。因蒙古高原天气变化无常，为适应游牧生产生活方式的需要，蒙古袍必须宽松肥大、紧袖高领，既能挡风遮雨，又能活动自如；腰系宽厚腰带，既能保暖，又可以支撑腰背、保护腹腔，非常适合马背上的颠簸生活。

蒙古族女袍的式样和男袍虽然基本相似，但在面料选择、颜色搭配、装饰图案、缝制工艺等方面特别讲究。蒙古族女袍一般喜欢用粉色、红色、乳白色、嫩绿色、浅蓝色或花色的各种锦、绸、缎面料制作，并在领口、袖口、下摆及衣襟处镶饰花边。

由于历史原因，蒙古族分布的地域特别辽阔，因居住地区的不同，形成富有地方特色的部落服饰，特别在女袍上体现得尤为突出。仅在内蒙古草原由东到西就有巴尔虎、布里亚特、科尔沁、巴林、阿巴嘎、乌珠穆沁、苏尼特、察哈尔、鄂尔多斯、乌拉特及阿拉善等十几种不同风格的部落服饰。

游牧于呼伦贝尔大草原上的巴尔虎人的女皮袍，较多地保留了蒙古族传统袍服的特征，大襟、下摆宽大、两侧开衩或不开衩，领沿、襟边、下摆等处镶宽花边，外加一道水印边。

节日上的皮袍多以红、紫红、绿色的锦缎、丝绒吊面，里子为二茬皮、羔皮和秋羔皮等上等毛坯，做工精细。

乌珠穆沁草原上的女袍，因其独特的款式和精美的镶边而闻名。女袍在袍领、大襟角、腰侧、臀围部位钉制一对3～4指长的扣袢，襟嘴处钉制一条扣袢，使用刻花或镶嵌珊瑚的银、铜圆扣和钩式扣。其冬袍用烟熏黄的皮制作，防水、防虫、经久不变。少女的袍子在托肩、襟沿及下摆处镶饰3指宽的青绒沿边，外缘镶三道窄条各色锦边，靠边用白色的羔皮贴边。青绒沿边的内缘，镶彩虹条和镂金银的曲线条。领是青色或蓝色缎面上缝白羔皮，外缘镶三道窄条。袖口为马蹄袖。春秋穿的吊面女皮袍用料更为华丽、讲究，均为锦缎、镂金银彩线，开衩处用彩线绣云纹等。从袍子的装饰上

蒙古妇女头饰

还能反映出主人的身份，未婚女子或成年妇女的袖口要用四种颜色的库锦做五指宽的花边。新娘的袍子从肘关节以下用布帛做成对比强烈的袖筒，袖口再镶饰同样宽的花边儿。色彩斑斓，雍容华贵。

布里亚特的女袍式样与其他地区的女袍有明显的区别。最大的特点是袖筒和腰部分割剪裁，分别有装饰，下部为褶裙式。这是整个蒙古族服饰中唯一的有分割工艺的传统服饰，为已婚女袍款式。布里亚特女袍上的分割装饰，据说是为了纪念部落民族英雄而设计的。相传历史上的巴拉金皇后在外敌入侵时，率众与敌人进行殊死抗争，在寡不敌众的情况下，她落入敌手后被施以分肢刑罚。为了纪念这位女英雄，布里亚特在长袍的相关部位进行分割剪裁和装饰。分割剪裁长袍是布里亚特妇女的一种创造。其样式与现代的连衣裙很相似。

鄂尔多斯蒙古族的女装十分引人注目。其盛装包括长袍、坎肩、靴子、帽子和头饰几个部分。鄂尔多斯蒙古族以素为美，崇尚白色，她们的盛装女长袍根据这个标准选料制作。一般女袍常用粉红、淡蓝和绿色的布或绸料，盛装则多选用白色绸料制作，表示纯洁和美好。袍身瘦长，大襟、下摆四开衩极高，高于腰际之上。袍的各个部位除用同色料滚边外，不做其他镶滚。盛装的长袍外套配对襟四开衩的长坎肩。衣料多为绣花缎，用金黄锦缎镶边；头戴绣丹凤朝阳或二龙戏珠的无顶圆帽，足穿矮鞠皮靴或绣花布靴。身上要佩戴一些贵重首饰。手上戴手镯和金银戒指。

鄂尔多斯蒙古族妇女的头饰非常有名。头饰主要包括：头戴、发饰、耳饰。头戴制作复杂，饰物繁多。主要由额箍、额穗、挂串、两侧饰片及后饰片组成。额箍是布底的套圈，镶有半球形珊瑚、松石的9至10个刻花银饰。额箍的前面是额穗，它由小珠串编成多层网状，余下的穗条垂于肩沿上，中间一条最长，于眉心处，两边珠串依次稍短，形成弯弧状，与眉沿弯度相协调。每条珠串的端上有珊瑚、玛瑙、松石。额箍的两鬓处是挂串，各挂6串大粒珊瑚、绿松石、青金石，每两串接一个刻花并镶珊瑚的圆形银饰。每个银饰下挂三串由小珠、珊瑚组成的穗子，各条穗端系一个口含桃形松石的银蝙蝠，蝙蝠口下各吊4个小银铃，共36个。额箍的两耳处，各挂一块半圆形的珊瑚片，中间各镶珊瑚的方形银饰一块，绿松石一块。额箍的后部是大珊瑚片，呈“凸”字形，上半部的珊瑚串竖排，下半部的珊瑚串横排。上面镶4块带珊瑚的银饰。有的在额箍的两侧还挂有珊瑚片和小珠穗。发辫上系有特殊的装饰，在头戴上还要戴上绣龙凤图案的圆顶立沿帽子，衣襟上戴银牙签。

蒙古族传统服饰中有一种高耸的帽冠——罟罟冠。罟罟冠是流行于13世纪蒙元时期的已婚贵妇们常戴的一种高帽。一般高30～40厘米，帽体呈上宽、下窄的圆筒状，覆以绚丽多彩的丝绸，上面镶饰有珍珠、宝石；其上有枝状翎筒，以羽毛或树枝装饰；其下用兜帽、头盔或抹额戴于头上。当头戴罟罟冠的妇女骑马掠过时，英姿飒爽，威风凛凛，充分体现出游牧民族独特的审美情趣。

朝鲜族

朝鲜族妇女短衣长裙

朝鲜族是一个勤劳勇敢、注重礼仪的民族。据2000年全国人口普查统计，我国共有朝鲜族1,923,842人，吉林省有1,145,688人，主要聚居在吉林省延边朝鲜族自治州、长白朝鲜族自治县和吉林市，黑龙江省有388,458人，辽宁省有241,052人，其余少数散布于全国各地。我国的朝鲜族，是部分明末清初陆续从朝鲜半岛移居东北的人逐渐形成的一个少数民族。其文化与朝鲜半岛的文化有着深厚的渊源。朝鲜族有自己的语言文字。

朝鲜族崇尚白色，历来喜欢穿白衣素服，故有“白衣同胞”之称。朝鲜族人多居于偏僻的山村，服饰的原料主要以自种自织的麻布和土布为主。20世纪初，随着资本主义经济的渗透和近代文化的输入，机织布和丝绢、绸缎等面料开始传入，服饰的颜色也随之多样化。

朝鲜族男子爱穿“灯笼裤”，上衣为斜襟、宽袖、左衽、无纽扣，前襟两侧各钉有一飘带，穿衣时系结在右襟上方。他们还喜欢外套黑色或其他颜色的带纽扣的“背褂”（坎肩）。冬天穿短大衣或棉、毛大衣，下穿灯笼裤。这种裤子腰宽，裤裆和裤管肥大，便于在炕上盘腿而坐。穿时将裤腰前部折起后系上腰带，裤管下口用布带系严。头戴笠帽、礼帽等，节庆时喜欢在笠帽上系上长长的飘带，摇头使飘带旋转飞舞，如入彩虹之中。

朝鲜族妇女的短上衣非常独特，中老年妇女多穿白色绸缎上衣，青年女子喜爱穿彩色绸缎上衣。衣长仅及腋下，前面仅盖胸中部，无领、无扣，开右衽衩口，左右襟边各有一条长带子，穿时结蝴蝶扣，余下长垂而吊，行走时随风而飘，自然潇洒。上衣下是缠裙。缠裙为一幅未经缝合的裙料，由裙腰、裙摆、裙带组成。上窄下宽，裙长及脚面，裙摆较宽，裙上端有许多细褶。因为这种裙子很长，穿着时为了不使裙摆拖地，一般都把裙的一端从右边提上来掖在系带里。穿这种裙子时，里面必须加穿素白色的衬裙。

朝鲜族年轻姑娘衣裙颜色五彩缤纷，具有浓郁的民族特色。朝鲜族年轻姑娘和少女多穿背心式的带褶筒裙，裙长过膝盖，便于劳动，但衣裙的颜色非常艳丽。朝鲜族儿童喜爱穿七彩上衣，色彩斑斓，好像彩虹披身，使孩子们显得更加聪慧可爱。关于七彩衣的起源，说法很多，有的认为是出于审美心理；有的认为是出于避邪的目的；还有的认为是过去朝鲜族妇女善于保存各种颜色的布块，用来给孩子做衣服等等。

朝鲜族服饰的一个突出特点是短衣长裙。随着纺织工业的发展，如今妇女们穿用的衣料颜色更是绚丽多彩、不拘一格。只有短衣长裙这一传统民族风格久久不变，因为它符合朝鲜族妇女的审美心理，充分反映了她们温顺、善良和勤劳淳朴的美德。

达斡尔族

达斡尔族主要聚居于富饶美丽的嫩江两岸，从事农业、畜牧业和传统的渔猎业。达斡尔族是我国人口较少的民族之一。据2000年我国人口普查统计，全国达斡尔族人口共有132,394人，主要聚居在内蒙古莫力达瓦达斡尔族自治旗和扎兰屯市达斡尔民族乡、鄂温克族自治旗巴彦塔拉达斡尔民族乡、阿荣旗音河达斡尔鄂温克民族乡。另外，黑龙江有43,608人，新疆有5541人，辽宁省有1282人。达斡尔族有自己的语言，达斡尔语属于阿尔泰语系蒙古语族，无文字。有族源出于契丹之说。在东北诸民族中，是社会发展水平较高，与外界经济文化接触和交流较早、较频繁的民族之一。

较为先进的生产力和多种经济形式并存的局面，决定了达斡尔族服饰原料的多样性。不同地区的衣饰原料中，往往都是羊、鹿等兽皮和布帛等兼而有之，但又各有侧重。男装以皮衣为主，冬季穿厚的狍皮袍和带毛皮裤，下摆前后开衩，既轻便又暖和。春秋季穿皮毛短稀的狍皮衣，皮板厚实，挡风耐磨。夏天穿光板皮衣、皮裤。女装以棉布居多。不同年龄女性的袍子颜色各异。老年妇女在长袍外加穿外套、坎肩，有前开口、旁开口两种，在开襟、领口、袖口、下摆沿边镶绣有各种精美图案，并在长袍和坎肩右侧襟衽佩绣花荷包和手帕。

达斡尔族妇女服饰

帽子多用狍、狼或狐狸的头皮做成，其中以狍头皮帽最为普遍。这种帽子是把狍头皮完整剥下来，保留耳朵、嘴巴、鼻子和眼窝。用黑布剪成两个眼球贴于原来的眼窝处，或嵌入两个黑玻璃球做眼睛，双耳、犄角挺立，形象非常逼真。出猎时戴上它不仅可防寒保暖，而且还能起到很好的伪装作用。有的狍头皮帽的前沿还镶绣有花纹图案，既讲究又漂亮。

鄂温克族

鄂温克族是我国人口较少的民族之一，据2000年全国人口普查统计，我国鄂温克族共有30,505人，其中有26,201人分布在内蒙古自治区，主要集中在鄂温克族自治旗、扎兰屯市、根河市等，在黑龙江省有2706人，总计鄂温克族在我国行政建制上有1个民族自治旗和9个民族自治乡。鄂温克族有自己的语言但无文字，鄂温克语属于阿尔泰语系满-通古斯语族满语支。

鄂温克族男女服饰

鄂温克族世居于额尔古纳河以南茂密的森林、草原及河谷地区。由于历史上的迁徙而造成的聚居地的分散和各地区生存环境的差异，致使不同地区的鄂温克族的社会发展处于一种不平衡的状态。聚居在鄂温克族自治旗等地的大部分鄂温克人，上世纪初就从事着游牧经济，而额尔古纳左旗等地的少数“使用驯鹿的鄂温克人”还过着游猎生活，另有一部分鄂温克人则以半农半猎为生。不同的经济文化类型，决定了不同的服饰文化特点。

从事畜牧的鄂温克人，服饰的原料以牲畜的皮毛，尤其是羊皮为主。比较常见的服装主要有大毛长衣、短皮上衣、羔皮袄、皮裤、皮套裤、皮靴等。大毛长衣一般用7～8张羊皮制成，斜对襟、衣袖肥大、束长腰带，是鄂温克牧民最普通、最常见的服装。在做客、会亲友和节日穿的羔皮袄，十分讲究，在衣服的边角缝缀各种花纹图案。一百多年来，鄂温克族一直使用棉布做衣服，女子一般爱穿连衣裙，衣领较大，领上用白绿色道镶边，下摆较宽，前面对襟，老年妇女多穿蓝色、黑色；少女穿红色、天蓝色，绣有花草图案。男女都穿坎肩和皮靴子。

鄂温克牧民对服饰制作和穿着颇为讲究，无论男女衣服，其衣摆、衣领等处都要用布或羔皮等装饰镶边。男子一般都要束上腰带；否则会被视为不礼貌行为；妇女平时可以不束腰带，但劳动时一定要束上腰带。

赫哲族

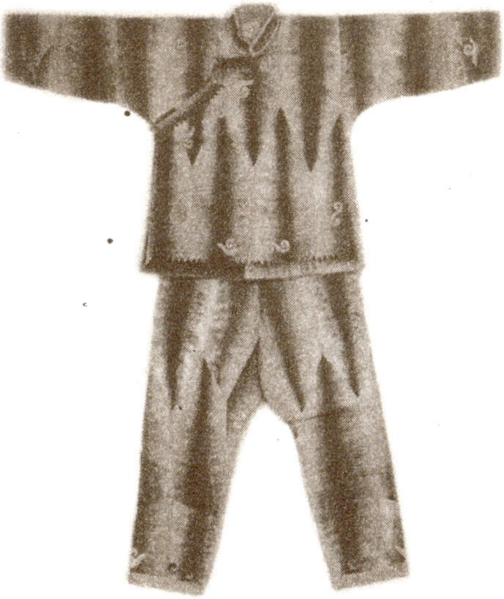
赫哲族的鱼皮服饰

赫哲族是我国人口较少的民族之一，据2000年全国人口普查统计，共有4,640人。黑龙江是赫哲族唯一的聚居省份。他们世居东北边陲的黑龙江、松花江和乌苏里江下游沿岸。赫哲族聚居区在我国行政建制上，有“三乡一村”的说法，即同江市街津口赫哲族乡、八岔赫哲族乡、饶河县四排赫哲族乡和佳木斯市郊区敖其赫哲族村。赫哲族有语言无文字，赫哲语属于阿尔泰语系满-通古斯语族满语支。他们居住的三江流域江河纵横，山林密布，盛产鳇、鲟、鲶、鲫、鲤、鲑等名目繁多的鱼类，鹿、虎、熊等兽类。丰富的野生动植物资源养育了赫哲人，同时他们也独辟蹊径，创造了自己独特的渔猎文化。

赫哲族在历史上因食鱼肉、穿鱼皮和使犬拉雪橇，曾被称为“鱼皮部”和“使犬部”。自古以来，赫哲人不仅以鱼、兽肉为食，而且还以鱼皮和鹿皮等兽皮为衣蔽体御寒。公元20世纪初，他们的衣服、被褥甚至许多生活用品仍然多用鱼皮和兽皮制成。尤其是众多的鱼皮服饰，构成了其鲜明的民族文化特点。

赫哲族具有高超的加工鱼皮技术。制作鱼皮服饰时，熟制鱼皮是重要的一环。在长期的生活实践中，赫哲人摸索出了一套加工鱼皮的技术。加工鱼皮时，先将鱼皮剥下、晒干，然后用特制的熟皮工具“空库”(木槌)和槌床或木铡刀反复捶打、揉搓，直至柔软为止。鱼皮晾得越干，越易熟制。鱼皮熟好后，再用红、黄、蓝、绿等色的野花汁染色。然后便可缝制加工各种衣服。每年鱼季开始后，当男人忙于下河捕鱼时，妇女便操刀握槌，投入紧张的鱼皮加工工作。

赫哲族的鱼皮服饰，不仅面料为鱼皮，就连缝衣服的线也用鱼皮制成。鱼皮线是将胖头鱼皮的鳞刮掉，用刀切成细丝，晒干、搓软即可使用。

赫哲族具有鲜见的鱼皮文化。鱼皮具有轻便、保暖、耐磨、防水和抗湿等特性。在世界众多的渔猎民族中，以鱼肉为生的并不鲜见，但以鱼皮为衣的却只有少数的几个民族。赫哲族的鱼皮服饰文化是比较丰富而典型的。这充分反映了赫哲族人民适应自然、利用自然、改造自然的聪明才智。

鄂伦春族

鄂伦春族的兽皮服饰

鄂伦春族是我国人口较少的民族之一。据2000年全国人口普查统计，鄂伦春族共有8,196人，在内蒙古有3,573人，主要分布在内蒙古呼伦贝尔市鄂伦春自治旗、阿荣旗、扎兰屯市南木鄂伦春民族乡；在黑龙江省有3,871人，主要分布在黑河市新生鄂伦春民族乡、逊克县新鄂伦春民族乡、新兴鄂伦春民族乡，大兴安岭地区呼玛县白银纳鄂伦春民族乡，塔河县十八站鄂伦春民族乡以及伊春等地，总计鄂伦春族在我国的行政建制上有1个民族自治旗和6个民族乡。鄂伦春族有语言而无文字，鄂伦春语属于阿尔泰语系满-通古斯语族满语支。

鄂伦春人世世代代游猎于绵绵数千里的大小兴安岭的茫茫林海之中，食兽肉、衣兽皮，创造了适合森林游猎的兽皮服饰文化。他们的服饰，上至帽子、下至靴袜乃至各种生活用品，多以兽皮为原料。兽皮不仅经久耐磨，而且防风抗寒性能极好。不同季节的兽皮，可以制作各种不同的衣着。如秋冬两季的兽皮毛长而密、皮厚结实、防寒力强，适宜做冬装；夏季的兽皮毛质疏松短小，适宜做春夏季的衣装。

鄂伦春族以兽皮为原料，服装以袍式为主，主要有皮袍、皮袄、皮裤、皮套裤、皮靴、皮袜、套头皮帽、皮手套、皮围裙、皮坎肩等。皮料主要使用狍子皮，皮料有大毛、青毛、红毛之分。冬季着大毛皮袄，春秋着青毛皮袄，夏季着红毛皮袄。鄂伦春族男子的皮袍带大襟，在袍边和袖口处镶薄皮。皮袍的前后襟均有开衩，腰间系黑色带子。皮袍所用的纽扣早期使用兽骨制成，后来才有铜扣。鄂伦春族的女袍身长比男袍长，衣襟覆盖脚面，在左右两侧开衩、袖口处绣有花纹。皮袍以黄色为主，腰带有黄、紫、蓝色。

鄂伦春族的皮裤没有下半截。皮裤多用三张皮在秋冬季制成，裤长只到膝盖下，下半截穿皮套裤。套裤无裤腰和裤裆，只有两条马蹄形裤腿，用皮绳拴在裤带上。男人狩猎、女人砍柴时都习惯穿上它，既保暖，又可以保护里面的裤子，行动起来也很灵便。

鄂伦春族穿着踩雪无声的皮靴。兽皮靴是用十几条狍腿皮做靴帮，用一个狍脖子皮做底缝制，轻便、美观，踩在雪上还不容易发出声响。

鄂伦春族头戴假耳朵皮帽。他们的皮帽多用完整的狍子头皮制作而成。其方法是，将狍子头皮剥下并熟制好，在眼部的两个窟窿处补上黑皮子；再把两个耳朵割掉，用兽皮做两只假耳朵缝上，狍角照旧保留。这种帽子是狩猎的极好伪装，据说如果不换上两只假耳朵，猎人在远处就会误认为是真狍子而出现误伤。

第二章

西北地区少数民族服饰

回族

回族是一个人口较多、分布广泛的少数民族。据2000年全国人口普查统计，中国有回族9，816，805人，在全国各民族中仅少于汉族、壮族、满族，居于第四位。回族有遍及华夏的说法，在我国幅员辽阔的土地上，北自黑龙江，南到海南岛，西起帕米尔高原，东至东海之滨，都有回族居住。回族的分布特点是“大分散，小集中”。全国绝大多数的县市都有回族，而以宁夏、新疆、河南、河北、山东、云南等省、区人数较多。由于历史和生活习惯等方面的原因，凡是有回族分布的地区，多以清真寺为中心聚族而居，一般是在城市自成街道，在农村自成村落，形成大小不一的聚居区。

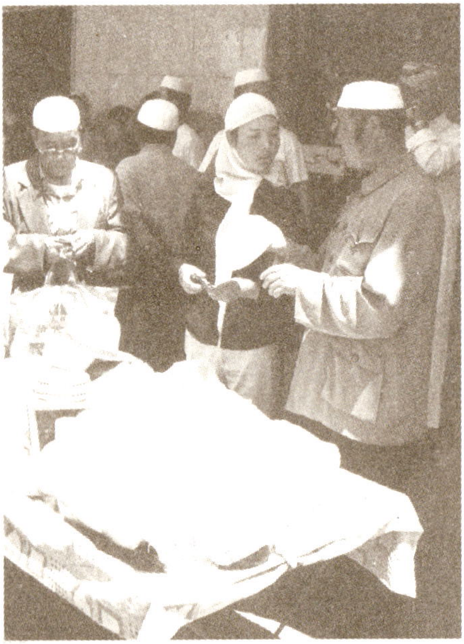
回族服饰

回族分布全国，其自治地方遍及全国。宁夏是省一级的回族自治地。地区一级的回族自治地方有新疆昌吉回族自治州和甘肃临夏回族自治州。此外还有新疆焉耆回族自治县，甘肃张家川回族自治县，青海化隆回族自治县、门源回族自治县，河北大厂回族自治县、孟村回族自治县等六个回族自治县；在云南西部，有巍山彝族回族自治县，东部有寻甸回族彝族自治县，贵州有威宁彝族回族苗族自治县，青海门源回族自治县与化隆回族自治县和民和回族土族自治县和民和回族土族自治县和大通回族土族自治县。

回族族源最早可以追溯到唐宋时期在华侨居的穆斯林“番客”。当时西亚的阿拉伯人以伊斯兰教为中心建立了西濒大西洋、东至中国西部边陲的“大食国”。中国和阿拉伯保持着陆上丝绸之路的密切往来。随着“大食国”的使节和“恭使”前来中国的还有大批商人，由于他们以经商为主，中国人称他们为“番商”、“番客”、“胡商”等。他们中有不少人留居中国不归。回族的主要来源，则是13世纪由成吉思汗及其继承者西征而随之东迁的中亚人、波斯人和阿拉伯人，以及由于当时东西交通大开而纷纷东来的穆斯林商人。这些人大多信仰伊斯兰教。除东来的穆斯林外，回族的族源中，还有汉、蒙古、维吾尔等族的成分。

回族是中国信仰伊斯兰教的民族之一。其服饰由于地域、性别、教派之差异，构成了不同风格和特色。回族服饰，其头饰最为显著。男子普遍戴白色或黑色无沿小圆帽，也称“礼拜帽”，以前是做礼拜时戴的，现在平时也戴。也有不戴帽子，用白毛巾和白布裹头的。回族妇女的盖头也是一个显著特点，回族妇女盖头的式样一般是统一的，从头上套下，披在肩上，遮住两耳，颌下有扣，只露面孔在外。通常是少女和已婚的少妇戴绿色的盖头，中年妇女戴黑色的，老年妇女戴白色的。这种特殊装束来源于阿拉伯游牧民族防止沙尘的生活习惯，后来成为伊斯兰教规定的穆斯林妇女的头饰。坎肩是回族传统服饰的一个重要组成部分，回族男女都喜欢穿坎肩，特别是回族男子喜欢在白色的衬衫上套一件对襟坎肩，黑白对比鲜明。由于季节不同，坎肩的质地也不同，有夹的、棉的，还有皮的。既可以当外套穿，又可以穿在里面。

回族妇女传统的衣服是大襟衣服和长及膝盖的袍子，中老年多穿暗色，姑娘则穿红着绿，并喜欢在衣服上嵌线、镶色、滚边等，还有的在衣服的前胸、前襟处绣花。但在回族的清真寺，禁止穿裙子的女性进入。

受伊斯兰教影响，回族特别是其宗教人员的一些服饰，其渊源与阿拉伯国家和伊斯兰教的影响有关。如平顶帽和一些头饰，均来源于波斯和阿富汗。教长戴的红、绿色高沿硬壳带穗的帽子，则来自土耳其。陇东南回民(主要是哲赫林耶派)所穿的宽大长衫和戴的六角帽，与阿曼、也门一带的衣帽很相似。

在服饰色彩上，回族人崇尚白色，视白色为最洁净之色。如白衬衫、白帽子、白色盖头等，这是源于宗教信仰。

东乡族

东乡族是我国甘肃省南部洮河以西、大夏河以东和黄河以南这一山麓地带形成和发展起来的一个民族。据2000年全国人口普查统计，全国东乡族有513,805人。东乡族有本民族的语言，属于阿尔泰语系蒙古语族，无文字。他们主要居住于甘肃省临夏回族自治州的东乡族自治县和临近的广河县、和政县、康乐县及临夏县、积石山县等。东乡族之族名，以其居住河州东乡而得名，河州即今天的临夏，明代初年被称为河州卫。新中国成立后，根据东乡族人民的意愿以“东乡”为其族名。东乡族的生活习俗受伊斯兰教影响较大，如在葬礼、节日等方面与回族大体相近，但又在服饰、饮食、婚姻家庭等方面具有自己的民族特色。

东乡族女子服饰

早期，东乡族从事以养羊为主的畜牧业，穿用羊毛纺线织成的褐衫和用羊皮制作的皮袄，过着游牧生活。当时出现了缝皮衣的毛毛匠，其手艺流传至今。据记载，在清代专门以此为生的东乡族匠人甚多。到19世纪末，皮毛业、织毡(布)业、制毡业及毛毛匠制衣业等均达到了相当规模，形成了专门行业。到了近代和现代，东乡族仍保留了不少古代游牧民族的传统生活习惯，服饰也保留着许多传统的民族特色。

18世纪后，伊斯兰教逐渐成为东乡族共同的宗教信仰。由于宗教信仰的统一和长期与回、汉等民族频繁交往，东乡族的服饰发生了较大的变化，其特点主要表现在头饰上，男子戴平顶无沿小帽，一般称“号帽”。妇女除在家戴一种织有花纹图案的便帽外，一般须戴丝绸制成的盖头，盖头分绿、黑、白三色，少女及新婚者戴绿色，结婚一年后及中年戴黑色，老年戴白色。盖头一般长到腰际，戴时头发全被遮住，只露面孔。平时妇女穿宽大大襟衣服，外加一件坎肩，长裤一直拖到脚面。男子多戴平顶的“号帽”，穿白衬衣，外套黑坎肩。

土族

土族是我国人口较少的一个民族，据2000年全国人口普查统计，土族共有241,198人，主要分布在青海省互助土族自治县、大通回族土族自治县、民和回族土族自治县。此外在青海省的同仁、乐都及甘肃的天祝、肃南、永登、积石山、卓尼等地也有部分土族分布。1954年，国家在土族最大的聚居区建立了互助土族自治县，1986年又分别在大通、民和联合回族共同建立了两个自治县。土族有本民族语言，属阿尔泰语系蒙古语族，无文字，使用汉、藏文字。

土族是一个具有悠久历史的民族。早期从事畜牧业，明代以后发展了农业，山地耕作已成为土族经济文化的典型特征。土族服饰具有浓郁的民族特色。

土族男子多穿长袍、坎肩、系腰带，青壮年男子穿小领斜襟长袍或高领、绣花、斜襟白色短上衣，外套黑色、紫色大襟坎肩，下着长裤，围绣花围腰和束绣花腰带。脚穿云纹绣花布鞋，头戴织锦镶边的卷边毡帽。土族女装色彩鲜艳、花团锦簇，最具民族特色。她们穿高领、翻领斜襟长衫，衣袖用红、黄、白、绿、蓝五色绸料或布料做成，据说过去是模仿七色彩虹制成彩虹花袖衣，因而，土族又俗称“穿彩虹花袖衣的民族”。后逐渐演变成五色花袖衣。外套黑色、紫色镶边坎肩，腰系绣花彩带，下着红色裙子，内穿及膝长裤，膝以下着套筒，土族称为“贴弯”。已婚妇女着黑色，未婚女子着红色，脚穿彩云绣花长筒鞋。

土族服饰

妇女注重头饰（土语称“扭达”），式样因地而异。其传统头饰有所谓“吐浑扭达”，俗称干粮头；“捺仁扭达”，也称三叉头；以及“加斯扭达”等式样。现在，这些传统头饰已被一种简便发饰所代替，姑娘一般梳三根发辫，已婚妇女梳双辫，末梢相连，以珊瑚、松石等缀饰，然后再戴上织锦毡帽，潇洒美观。

土族妇女喜戴首饰，双耳戴镶有红珊瑚、绿宝石的金、银、铜制耳环，下垂五色珠，并在珠上结上穗子。其中最讲究的要数“上七下九”或“上五下七”的银耳坠，用数串五色瓷珠把耳环连在一起，珠串长长地垂在胸前。颈部佩戴有二十多枚海螺圆片的“索尔项圈”。

土族服饰富有浓郁的民族生活特色。土族人比喻彩虹花袖衫的红色为太阳，蓝色为青天，黑色为土地，黄色为五谷，白色为乳汁。在腰带、花兜、衣边、衣领、围腰、辫套、披肩、鞋帮以及小孩的帽子、男子的烟袋、耳枕等，都以精美的刺绣、盘线镶缀成。各种花纹、色彩、图案均来自大自然，如“八瓣莲花”、“孔雀牡丹”、“秋菊斗霜”、“神仙贵子”、“富贵不断头”以及蜂、蝶和彩云等等。用大自然的色彩、图画，及动、植物来美化自己的生活，反映出他们对美好生活的向往与对繁衍生息的土地的深深眷恋。

撒拉族

据2000年全国人口普查统计，撒拉族共有104，503人，主要聚居在青海省循化撒拉族自治县和化隆回族自治县。撒拉族有自己的语言，撒拉语属阿尔泰语系突厥语族，无文字。

撒拉族男子服饰

撒拉族，因自称“撒拉尔”，简称“撒拉”而得名。有人认为，撒拉族是古代西突厥乌古斯部撒鲁尔的后裔，唐代时原住中国境内，后西迁中亚。元代取道撒马尔罕，东返中国，行至今青海循化地区定居，至今已有700年左右的历史。在长期的历史演变过程中，由于青藏高原的自然条件，本民族的社会经济状况和与周围兄弟民族的交往，以及伊斯兰教等因素的影响，而逐渐形成了自己独特的民族习惯和生活习俗。

撒拉族主要居住在青海循化撒拉族自治县、化隆回族自治县县和甘肃积石山大河家一带，聚居地比较集中，因而其服饰也相对统一。撒拉族是信奉伊斯兰教的民族，服饰深受伊斯兰教文化的影响，老年人做礼拜时，头缠约数尺的白布，称“达斯达尔”，身穿称为“仲拜”的服装。撒拉族妇女不露头，普遍戴盖头，且要求遮盖除面部以外的头部其他部位。

撒拉族男子喜欢穿白色对襟衫，腰系红腰带或绣花腰带，外套黑色坎肩。在色彩上男子以白、黑色为主，忌讳红、黄色及花色繁缛的服饰；撒拉族妇女打扮妩媚，妇女除了参加宗教仪式的场合外，则衣裤鲜艳多彩，再套上黑或紫色的坎肩，更是妩媚俊俏，颇具特色。

撒拉族婴儿一出生，就给其穿上无领无扣的白色衣服，意味着清白纯洁地来到人间。孩子会走路时，女孩穿花衣服、扎辫子，并在脖颈上挂一块三角形白护符，里面装进避邪驱鬼的经文。

保安族

保安族是我国人口较少的少数民族之一。据2000年全国人口普查统计，保安族共有16，505人，主要聚居在甘肃省积石山保安族东乡族撒拉族自治县，少数散居于兰州、临夏及青海、西藏、新疆等地。保安族有本民族语言而无文字，保安语属于阿尔泰语系蒙古语族。保安族因原居住在青海同仁隆务河边的保安城、下庄、尕撒尔，即“保安三庄”而得名。许多学者认为保安族是元代以来信仰伊斯兰教的色目人，到青海同仁地区成边屯田，同当地蒙、藏、汉等民族长期交往，逐步形成的一个民族。保安族先民的主体是元代从中亚来的回人，据文献记载，明初保安族中已有伊斯兰教信徒。在18世纪前期即清康熙年间，伊斯兰教成为保安族人民的普遍宗教信仰。因此，尽管受各民族文化影响，但伊斯兰文

保安族服饰

化仍居其主导地位，主要反映在服饰文化上。

保安族服饰发展经历了一个历史过程。最早，保安族同蒙古族相邻居住，其服饰基本上同蒙古族相似，保安族男女在冬季穿皮袍，戴皮帽；夏季则穿夹袍，戴用白羊毛毡制作的喇叭形高筒帽，系色彩艳丽的丝绸腰带。大约在清咸丰、同治年间前后，保安城内的清朝地方官员，采用“分而治之”的政策，挑拨民族关系，因而，保安族被迫离开了祖辈建立起来的家园，最后定居于甘肃积石山下的大河家地区，这样其服饰又有了明显变化。保安族男子戴“礼拜帽”，穿白布衫、套青布背心，但在过节和参加喜庆活动时，常常戴礼帽、穿黑色长袍，扎彩色腰带，穿蓝色或黑色土布裤子或穿过膝长袍，外套深色坎肩。

保安族服饰有两个特点：一是仍保留了原居住地后期服饰的某些习俗。二是同回、东乡等民族服饰相似。这样，就形成了保安族服饰历史与现代结合的鲜明特征。

保安族的佩饰，最具特色的要数其腰刀。保安族腰刀以制作精巧、样式美观、刀刃锋利等驰名中外。它不仅是佩饰，而且已成为日常生活用具和民族工艺品。不仅是本民族人人喜爱之物，也是表达男女爱情的信物，而且还是馈赠亲友的礼品。

裕固族

裕固族主要聚居在甘肃省肃南裕固族自治县，少数居于酒泉县黄泥堡乡等地。裕固族是我国人口较少的少数民族之一。据2000年全国人口普查统计，我国有裕固族13，719人。裕固族由于居住环境的不同而使用三种语言：肃南西部地区的裕固族使用尧呼尔语，属阿尔泰语系突厥语族；肃南东部地区的裕固族使用恩格尔语，属于阿尔泰语系蒙古语族；酒泉县黄泥堡的裕固族使用汉语。

裕固族历史悠久，源于古代北方古老的民族回纥，和维吾尔族同源，至今已有1300多年的历史。裕固族世代以畜牧业为主，因而形成了具有畜牧业民族特色的服饰文化。裕固族服饰原料主要取材于畜牧业。早期，他们逐水草而居，游牧于茫

长度等身的裕固长袍

茫戈壁滩，住帐篷，穿白茬羊皮袄或红高领子的衣服及长筒皮靴。其服饰用料取之于畜牧业本身，衣着式样简单，且耐寒、防沙等。

随着社会的发展，其社会经济结构发生了较大变化，除畜牧业仍居社会经济主导地位外，农业、林业及其他行业也发展起来。牧区的裕固族仍旧穿长袍、皮靴，而在农区及城镇则以穿制服为主，只在节日、喜庆的日子里才穿传统服饰。其服装有礼服和便服之分。

裕固族服饰具有自己民族的显著特色。裕固族衣服的长度要求一般相当于身长。男女均穿高领、大襟、右衽、长度相当于本人身长的长袍，着长裤。

过去，裕固族男子有留长辫的习俗，并将带有丝线辫梢的发辫盘在头顶上，现在多留短发。裕固族妇女的头饰别具一格。她们头戴喇叭形红缨帽或用芨芨草编织的帽子。据说这帽子是为纪念本民族历史上一位被害女英雄的，红缨穗子代表其牺牲时头顶的鲜血。已婚裕固族妇女戴长形的“头面”，即先将头发梳成左、右、后三条辫子，用三条镶有银牌、珊瑚、玛瑙、彩珠、贝壳等饰物的“头面”分别系在垂于胸前和背后的三条辫子上，每条“头面”又分三段，用金属环连接起来，上齐耳环，下以身高而定其长短。

维吾尔族

维吾尔族主要分布在新疆维吾尔自治区。据2000年全国人口普查统计，我国共有8,399,393人。维吾尔族主要聚居于天山以南南疆地区。维吾尔族有自己的语言文字，维吾尔语言属于阿尔泰语系突厥语族西匈语支。维吾尔族经济以农业为主，园艺业、手工业、商业为副。新疆维吾尔族地区种植棉花历史悠久，新疆在南北朝(公元420—589年)时期就已经大量种植棉花，而内地种植棉花则是在元朝(公元1279—1368年)以后，植棉技术传入内地的道路之一就是新疆。

维吾尔族传统服饰相当别致、鲜艳。维吾尔族男女一般内穿衬衣，外套无扣、宽袖、对襟的长袍，俗称“袷袢”。“袷袢”穿起来宽松大方，腰中系条布腰带，这条腰带还具有存放食物及其他零星物品的功能。根据季节，“袷袢”又分为棉、夹、单三种，冬季穿棉的，夏季穿单的，春秋两季穿夹的。妇女一般穿色彩鲜艳的宽袖连衣裙，常在连衣裙上套穿黑色金丝绒对襟坎肩，襟边缀有金银片，镶有花边装饰，冬天穿长“袷袢”。

维吾尔族男女外出时喜欢戴小花帽。维吾

尔族女帽，制作工艺精湛，绣花图案美观，四楞形帽的最大特点是既硬又可折叠。喜用紫红色丝绒缝制，全部手工绣制。将丝绒料剪成四个瓣，缝合后，在帽面上用同色线纳密，用彩色丝线绣出各种花纹，如果是珠花，则把珠子串成串，按花纹图案镶嵌。一般有葡萄串花纹、巴旦姆花纹等。讲究者还镶嵌珍珠、翡翠、玛瑙、珊瑚等贵重饰物。男子冬天戴皮帽，足穿高筒皮靴或毡靴。喜欢在靴上插享有盛誉的“英吉沙”小刀作饰品，也作为自卫和生活的用具。南疆、喀什、莎车的女子外出时还要戴上一块白色头巾或盖头，过去要蒙面纱，除了与宗教信仰有关外，还可以挡风防尘。

维吾尔族儿童服饰

维吾尔族女子头饰有严格的婚否之

别：未婚姑娘一般梳数条至数十条小辫；南疆婚后妇女梳成四条辫子，额前两条细，脑后两条粗；北疆婚后妇女只梳两条辫子，但辫梢散开，以长发为美，头上常插一新月形梳子作装饰，也有将双辫盘成发髻。妇女喜戴耳环、项链、戒指，精心装扮。

维吾尔族的服饰用料考究，一般为纯羊毛、真丝、纯棉布料以及真皮革。他们的纺织印染、刺绣技术历史悠久。他们独创的模戳多色印花和单色镂版印花技术具有浓厚的民间工艺特色。

维吾尔族的手工业有着悠久的历史和精湛的技艺，著名的有和田地区的地毯和丝绸，莎车县的巴克衫绸，喀什市的绣花小帽，伊宁的长筒皮靴，以及“英吉沙”小刀和南疆地区的爱得丽丝绸等。爱得丽丝绸即扎染绸之意，爱得丽丝绸花绸的花纹图案，采用历史悠久的传统扎染

维吾尔族服饰

技艺制成。每个图案的边缘又受到染液不同程度的浸染，而自然形成由深到浅的色晕，增加了图案的层次和色差过渡，具有特殊的艺术效果。爱得丽丝绸花纹图案有巴旦姆花、木板纹花、梳子花等。运用色彩有不同色调。有的地方注重黑白效果，多用黑底白花或白底黑花，配以小面积的金黄、宝蓝、翠绿色，色彩明快简洁，图案粗犷豪放。有的地方强调色彩对比度，用对比强烈的色调，图案艳丽斑斓。富有浪漫色彩的爱得丽丝绸花纹犹如彩云飘忽，或黑白相映，或绯绿争艳，引人注目，仿佛给人带来了春天的气息。南疆地区的维吾尔族妇女都喜欢穿一件爱得丽丝绸缝制的连衣裙。“英吉沙”小刀是以原产地英吉沙县而命名，其生产历史已达300多年。“英吉沙”小刀的木柄雕刻有直、方、圆、齿、三角形的图案，并涂有红、绿等颜色，后来艺匠又在刀柄上用黄铜、白银、玉料、骨石等镶嵌，并刻上富有民族特色的图案。随着时间的发展，“英吉沙”小刀的制作经过不断革新、创造，出现了空前的繁盛面貌，大量的优质“英吉沙”小刀产品满足着旅游市场的需要。

哈萨克族

哈萨克族主要分布于新疆北部，是一个古老的游牧民族。据2000年我国人口普查统计，共有1，250，458人，主要分布在新疆维吾尔自治区北部的伊犁哈萨克自治州、木垒哈萨克自治县和巴里坤哈萨克自治县。伊犁哈萨克自治州四周被著名的天山、阿尔泰山和塔尔巴哈台山所环绕，中间是准噶尔盆地和伊犁盆地。山顶上终年积雪，雪线下覆盖着茂密的原始森林，山麓有绿草如茵的天然牧场，而其生活习俗具有鲜明的草原游牧文化特征。哈萨克族有自己的语言文字，哈萨克语属于阿尔泰语系突厥语族西匈语支。

哈萨克族服饰

哈萨克族传统服饰具有显著的山地草原游牧生活特色，男子服饰的原料多取自羊、马、骆驼等牲畜的皮毛，表现便于骑乘游牧的特点。哈萨克族男子为了骑马方便，衣裤都比较宽大结实。冬天普遍穿毛皮大衣，衣袖一般都长过手指。男子内穿短衣，衣领较高，多绣花边，套西式背心，外穿大衣，腰束皮带，上系小刀。妇女多穿连衣裙，喜欢红色，胸前绣有花纹。年轻的妇女在衣服上爱装饰银元和银制品及各色珠扣，老年妇女喜欢戴白色披巾。

哈萨克人的帽子、头巾颇为讲究，种类、式样很多。按照哈萨克族的传统习俗，妇女的帽子、头巾和披巾，在婆婆家和不熟识的异性面前绝不能随便摘掉。无论冬夏，男女也必须戴帽，这与其宗教信仰密切相关。哈萨克族信仰伊斯兰教，伊斯兰教对哈萨克族的生活等各方面都产生了深刻的影响，传统宗教禁忌脱帽露顶，自然也表现在哈萨克族的服饰习俗上。哈萨克未婚姑娘戴一种称作“塔亚”的帽子，下沿较大，呈圆斗形，上面用金丝彩线绣花，喜欢采用艳丽的红色、绿色或黑色丝绒作面料，用彩珠镶嵌成各种花纹图案，帽顶上插一撮猫头鹰的羽毛，象征着坚强、勇敢。姑娘结婚时戴一种尖顶帽，上面镶缀金银珠宝图案，帽前方垂吊珠串。婚后一年换戴头巾。

哈萨克族男女老幼都喜欢穿皮靴，外套套鞋。皮靴有两种，一种是长筒皮靴，靴套长至膝盖以上，后跟较高，靴内一般套毛袜；另一种是男子狩猎时穿的靴子，有包头，靴后跟很低，柔软轻便。夏天的靴子靴底薄，穿起来凉爽舒适。套鞋是用软皮制作的平底鞋，外面多用蓝色或其他颜色的布缝制成各种美丽图案。

哈萨克族妇女喜好刺绣，刺绣艺术具有悠久的历史，据说这与古代中亚游牧民族文化密切相关。其刺绣方法有挑花、贴花、补花、钩花、刺花等。喜欢在衣领、袖口、衣服的前襟、下摆及帽子、套鞋、靴子等处刺绣各种纹饰；在日常生活中非常讲究装饰，一般要在挂毯、窗帘等日常生活用品上，多饰以花草纹、羊角纹、人字纹等组成的图案。图案的配色上讲究寓意，他们认为，蓝色表示蓝天，红色象征太阳和太阳的光辉，白色象征真理、快乐和幸福，黄色象征智慧和苦闷，黑色象征大地和哀伤，绿色象征春天和青春。

柯尔克孜族

据2000年全国人口普查统计，我国的柯尔克孜族共有160,823人。柯尔克孜族主要聚居于新疆维吾尔自治区南部克孜勒苏柯尔克孜自治州等地，少部分散居于新疆北部、黑龙江省嫩江流域。柯尔克孜族有自己的语言文字，属于阿尔泰语系突厥语族。

柯尔克孜族是传统的游牧民族。牲畜的皮毛和毛织品是他们的主要衣饰原料。服装式样，男以袍式为主。男子上身穿白色圆领衬衣，外穿无领长袍，腰系皮带，上面还要挂上小刀，穿长裤，脚蹬皮靴和毡靴。女以裙装居多，一般身着连衣裙，外套黑色小背心，脚穿带有花纹的皮靴。

在众多的帽子中，最典型而又最普遍的是一年四季常戴的、用羊毛毡制作的白毡帽。这种白毡帽是从服饰上识别柯尔克孜族最鲜明的标志，柯尔克孜人非常珍惜它，并有许多讲究，将其奉为“圣帽”。平日不戴时，把它挂在高处或放在被褥、枕头等上面，不能随便放置，更不能用脚踩踏，也不能用它来开玩笑。

柯尔克孜人戴这种白毡帽有悠久的历史。关于这种帽子的来历，至今在柯尔克孜族中还流传着一个传说。古代，柯尔克孜族有一个英俊、勇敢而又足智多谋的国王，名叫卡拉汗，在他的带领下，柯尔克孜族征服了许多部落，不断开拓自己部落的疆域。但在长期的征战过程中，他经常感到出战时其军民衣帽不一、战马多色，严重影响其军威和战斗力。于是，在一次即将远征之前，他召集四十位谋臣，下令选黑、白、红三色战马，并要他们用40天时间，准备好一顶颜色统一、能壮军威的作战帽，并要求这顶帽子既要像一颗光芒四射的星星，又要像一朵色彩斑斓的花朵；既要像一座白雪皑皑的冰峰，又要像一个绿草如茵的山环；既能躲避雨雪，又能防止风沙袭击。39天过去了，三十九位谋臣都因设计的帽子未能达到国王的要求而一一被杀掉。最

柯尔克孜族的“圣帽”

后，第40位谋臣眼看期限来临，再设计不出让国王满意的帽子，也难保性命，心急如焚。这位谋臣的一位才貌出众、聪明能干的女儿为了搭救父亲的性命，急中生智，设计出了这种白毡帽，并在上面装饰了红穗、绿丝线和宝石。国王看后非常满意，并询问帽子颜色的象征意义，姑娘解释道："国王陛下，根据您的旨意，帽子上的宝石，像一颗光芒四射的星星，红帽穗像一朵鲜艳的花，帽身洁白似雪峰，帽檐绿丝绒像绿草如茵的山环。"国王大喜，便下令所属军民戴用此帽，从此以后传袭至今。

柯尔克孜族妇女一般戴头巾，年轻女性戴红、黄、绿色头巾，老年女性包白色头巾。按传统习惯，女人出嫁以后一般要戴头巾或缠布，尤其是外出或在老人面前，除了眼、鼻和嘴外，其他部位一定要用头巾盖住，否则就会受到社会舆论的谴责。小姑娘头戴红色丝绒小圆帽，并在衣裙的前面钉有银扣子、贝壳扣子和铜、银币。未婚女子梳多条辫子，婚后梳两条辫子，还在发梢缀有银圆、银链子。

锡伯族

锡伯族是我国少数民族中人口较少的民族之一，据2000年全国人口普查统计，共有锡伯族188，824人。锡伯族主要分布于新疆维吾尔自治区伊犁哈萨克自治州察布查尔锡伯自治县和霍城、巩留两县，辽宁省沈阳市新城子区的兴隆台锡伯民族乡，以及辽宁开原、义县、北镇、新民、凤城等地。此外在吉林、黑龙江、内蒙古等地也有少量分布。锡伯族有本民族的语言文字，语言属于阿尔泰语族—通古斯语族满语支。锡伯族最早生息在大小兴安岭、呼伦贝尔草原一带，后移居嫩江、松花江流域。狩猎和捕鱼在锡伯族的经济生活中占据重要的地位。

锡伯族服饰

锡伯族的早期服饰衣料是以鹿等兽皮为主，注重防寒保暖功能。清代锡伯族服饰多以棉麻、土布、绸缎为面料。男子服装喜欢用青、蓝、棕等颜色，女子喜欢用各色方格巾，幼儿则多穿各色花布衣服。男子为方便骑马，多穿左右开衩的长袍和短袄，戴圆顶帽。妇女穿旗袍，扎裤脚，穿白袜、绣花鞋。姑娘们都是单长辫，婚后结发，老年妇女包白头巾。妇女喜欢戴耳环、手镯和戒指。新疆的锡伯族妇女喜欢穿旗袍，并在旗袍的大襟、下摆、袖口多镶滚边图案。锡伯族妇女擅长刺绣，如同男子会骑射一样，妇女如果不会刺绣，就会被人笑话。刺绣图案多为花鸟鱼虫等。

除了平时的服饰外，锡伯族"萨满教"中的"萨满服"别具特色。头戴六股钢盔，胸挂护心铜镜，腰围飘带绣裙，"萨满"穿上这种服饰做法事，模仿各种动物的形态做追逐、打斗、厮杀的动作，象征与恶神搏斗，充分反映出山林狩猎文化和草原游牧文化的特点。

塔吉克族

据2000年全国人口普查统计，我国共有塔吉克族41,028人。主要分布在新疆维吾尔自治区南部的塔什库尔干塔吉克自治县。塔吉克族有自己的语言，属于印欧语系伊朗语族帕米尔语支。普遍使用维吾尔文。塔吉克族大多居住在气候寒冷的帕米尔高原上，以畜牧为主，兼营狩猎和副业，过着半定居半游牧的生活。服装以皮衣、棉衣和夹衣为主，季节性变化不明显。

塔吉克族服饰

由于塔吉克服饰具有防寒保暖的特点，塔吉克男子一般在衬衣外面穿皮衣。塔吉克族喜欢穿长筒皮靴，有利于骑乘。男女均穿长筒皮靴、毛线袜、毡袜。皮靴用野公山羊皮做筒，以牛皮、牦牛毛或骆驼皮做底，靴尖上翘。既轻便、防寒，又利于爬山和骑乘。

塔吉克族的帽子独具特色。男帽呈高筒圆形，多以黑羊羔皮为里、黑平绒布为面，帽筒上绣有数道细花纹和一道宽花边，平时帽的下沿卷起，露出一圈黑皮毛。这种帽不仅式样美观大方，戴上以后显得英俊威武，更重要的是它适合高寒山区的气候特点，拉下卷边即可遮住面颊和双耳，保暖御寒性能极好。妇女戴圆顶绣花棉帽，其后半部垂有一块后帘，可遮住后脑和两耳。外出时帽外加披大方头巾，一般为白色，新娘用红色，少女多用黄色或绿色。

塔吉克人喜欢红色，红色鲜艳，给人一种温暖之感，在冰雪高原上十分耀眼夺目。出于这种审美心理，塔吉克男女的皮靴多染成红色，订婚时男方送来的主要礼物也有大红头巾。新娘的盛装更是满身红：头披红头巾，辫梢系红丝穗，身穿红色长裙，外罩红色袷袢，脚穿红皮靴，连新郎的帽外也缠红白两色相间的彩布。

乌孜别克族

乌孜别克族主要分布在新疆维吾尔自治区境内，现在多数居住在伊宁、乌鲁木齐、塔城、喀什、叶城、莎车等城市。据2000年全国人口普查统计，我国的乌孜别克族共有12,370人。乌孜别克族是在16世纪和17世纪时，因经营商业贸易而沿古代“丝绸之路”陆续从中亚迁居我国新疆地区的。居住在城镇的乌孜别克族人多以经商为主，少数在农村、牧区从事农业和畜牧业。由于多数生活于城镇并信仰伊斯兰教，且与维吾尔、哈萨克等民族杂居，所以文化上既与其他民族有许多共同之处，又有自己鲜明的民族特色。乌孜别克族有自己的语言文字，语言属于阿尔泰语系突厥语族西匈语支。

乌孜别克族传统服饰相当美观，中年男子一般都穿一种斜领、右衽、无纽扣、长及膝盖的长袍，称作“托尼”，腰间系三角形绣花花巾。老年男子一般都内穿白衣，外穿黑色“托尼”。乌孜别克妇女穿斗篷，蒙面纱。妇女除戴小帽外，也有扎方头巾的，有些妇女常在小帽外再罩挑花绣边的披巾。过去，按照传统宗教习惯，妇女出门必须穿斗篷，头上蒙面纱，从头到脚都不得裸露在外。现在青年妇女多穿各种颜色鲜艳的连衣裙，宽大多褶，不系腰带，称作“魁纳克”。连衣裙外边可加短上衣或坎肩。老年妇女的服装多为咖啡色、深绿色或黑色。妇女不分老幼，都留有发辫。

乌孜别克族服饰

乌孜别克男女老幼都戴各式各样的绣花小帽或灯芯绒素面小帽，青年男子一般喜欢戴红色的，而老年男子则多戴绿色的。男子冬季也戴皮帽和毡帽。乌孜别克花帽图案新颖、色彩鲜艳、做工精巧，是乌孜别克族的传统手工艺品。表现在刺绣工艺上的图案艺术精美细致，在花帽、枕套、床单和花边上都有刺绣。

乌孜别克族喜欢戴火红耀目的“塔什干花帽”。传统花帽有“塔什干花帽”一般色彩对比强烈，火红耀目，源于塔什干，现以和田地区的最为著名。随着时间发展，花帽式样不断发展变化，品种更加繁多，花纹图案更加绚丽多彩。

乌孜别克族人民在社交上重视精心打扮。乌孜别克妇女喜欢佩戴耳环、耳坠、戒指、手镯、项链、发卡等装饰品。每逢喜庆佳节、亲友互访、社交聚会等场合，她们便将首饰佩挂齐全，精心装扮，个个光艳照人。

俄罗斯族

我国的俄罗斯族是俄罗斯移民和前苏联归国华侨的后裔。据2000年全国人口普查统计，我国现有俄罗斯族15,609人，主要散居于新疆伊犁、塔城、阿勒泰、乌鲁木齐和内蒙古自治区东北部及黑龙江省北部等地区。俄罗斯族使用俄语，属于印欧语系斯拉夫语族东斯拉夫语支。

俄罗斯族妇女服饰

18世纪后期至20世纪初，由于政治、经济等方面的原因，先后有大批俄罗斯人迁居我国新疆北部地区。20世纪30年代至四十年代，许多华侨也携带其俄罗斯妻子和儿孙甚至俄罗斯亲友回到新疆等地。主要从事手工业、运输业、农业等。

俄罗斯族男女喜欢穿白色、宽松的绣花衫，男子穿西服或短羊皮外套，下穿长裤，戴鸭舌帽、呢帽或毛皮帽，冬季外套翻领皮大衣。妇女多穿花色鲜艳的连衣裙，年轻妇女裙短至膝，老年妇女裙长及脚面，外穿西服上衣，冬季外套皮大衣。男女均穿长筒皮靴。

俄罗斯族妇女的头饰颇为讲究，未婚姑娘和已婚妇女的头饰有严格的区别。少女梳一条长长的辫子，并在辫子里编上色彩鲜艳的发带和小玻璃球，头发可以露在外面。已婚妇女则先将头发梳成两条辫子盘在头上，再用头巾或帽子把辫子裹在里面，头发不能外露，尤其是在长辈面前更要注意，否则就被视为不礼貌的行为。她们还喜欢戴耳环、项链，不少老年妇女还戴十字架。

俄罗斯族是个非常注重礼节的民族，过去忌讳给人送手套，因为这意味着挑衅。据说古代俄罗斯人决斗前双方先互递手套，这是决斗即将开始的信号。

俄罗斯族还喜欢干净整洁，对于容貌和服装的整洁尤为重视。穿西服时必须打领带或领结，衬衣下摆要扎到裤腰里面，而不能露在外面。在各种正式场合一般都穿皮鞋而不穿布鞋。妇女最好穿裙子，以示庄重。

塔塔尔族

塔塔尔族源于我国古代北方游牧族系，具有悠久的历史和灿烂的文化。塔塔尔族是人口较少。据2000年全国人口普查统计，我国的塔塔尔族有4,890人，主要散居于新疆维吾尔自治区的伊宁、塔城、乌鲁木齐和奇台、吉木萨尔、阿勒泰等地，以经营商业为主，也有少数人从事畜牧业、农业和手工业。由于塔塔尔族信仰伊斯兰教，他们多与哈萨克、维吾尔等民族交错杂居，文化上具有共性。

塔塔尔族服饰

塔塔尔族服饰干净整洁。城市的塔塔尔族男子一般戴黑色或绣花小帽，穿白衬衣，外加黑色齐腰短背心或黑色对襟长衫，下穿黑裤，脚穿皮鞋或长筒皮靴。农牧区的塔塔尔族男子衣服式样与城市的相同，除了戴黑色的帽子外，还在腰间多扎一条布腰带。城市妇女喜欢戴镶有各色小彩珠的花帽，上盖以纱巾，喜欢穿白色、黄色或紫红色的带皱边连衣裙，脚穿花皮鞋或长筒皮靴。塔塔尔族男女服饰干净、整洁、色彩鲜艳，式样、原料、装饰物等方面既保留了游牧民族的某些特征，又体现出塔塔尔族与其居住区域的寒冷气候和经济文化相适应的功利性的审美观。

塔塔尔族男女老幼在节假日都特别讲究盛装。每逢“撒班节”等喜庆节日，能歌善舞的塔塔尔人便精心打扮，穿上漂亮的节日盛装，相互问候。男女老幼载歌载舞，选择风景优美的地方举行盛大活动，传统的摔跤、赛马、拔河等是不可少的比赛项目。

第三章

西南地区少数民族服饰

藏族

世界上海拔最高的青藏高原是藏族的主要聚居区。据2000年全国人口普查统计，全国共有藏族5，416，021人，其中，占全国藏族人口总数45％的藏族居住于西藏自治区。其余主要分布于四川、青海、甘肃、云南等省。藏族有自己的语言文字，藏语属汉藏语系藏缅语族藏语支。按照藏族传统的地理概念，整个藏区分为卫康、康区和安多三大区域。卫康的范围大致包括今天除昌都和那曲两个地区之外的西藏自治区全部。而康区是指位于青藏高原东部，居住在横断山脉、三江流域一带的西藏昌都地区和四川省甘孜藏族自治州、青海省玉树藏族自治州、云南省迪庆藏族自治州等地，以操康巴方言为其特征的地域的一种称呼。而安多地区则囊括了玉树以外的全部青海藏区、四川的阿坝藏族自治州、甘肃的甘南藏族自治州和天祝县等。藏语按以上地理划分为卫藏、康、安多三大方言区。

藏族服饰深受自然条件、劳动生产和文化交流的影响。藏北牧区的藏族穿着以皮袍为主，它结构肥大，袖口宽畅，穿着自如，白天阳光充足，气温升高时，可脱袖露臂，调节体温，夜间可解带和衣而眠。牧民的皮袍离不开腰带，穿时提起下摆与膝盖平齐，腰带一束，怀里形成大囊，里面可装不少随身用品。皮袍是用土法加工的绵羊皮缝制的，既经久耐用又抵风御寒。普通皮袍，男式的宽腰、大襟肥大，襟、袖和下摆用10～15厘米宽的黑绒镶边，但也有不做装饰边的。女式皮袍的襟、袖和下摆先用宽10～20厘米的黑平绒镶边，再用红、蓝、绿三色平绒，各宽5～10厘米镶边。

农区气候温和湿润，人们穿着的男式袍子和女式长坎肩，都主要以黑氆氇为原料，款式仍属大襟服装，右腋下钉一个纽扣。男式袍子用绿色或蓝色绸布做两条宽5厘米、长20厘米的飘带。一般男式白氆氇藏袍的领口镶上6厘米宽的“加洛”（一种间隔有十字图案的花氆氇）。女式藏袍大都是黑色的，一般冬季穿有袖子的，夏装无袖，但也有四季穿无袖的，冬春季外加一件氆氇短褂。氆氇生产几乎遍及全藏农区、半牧半农区，以泽当最为著名。氆氇结实耐用，保暖性能好。

藏族服饰

藏族男女穿藏袍，里面都要穿衬衣。男式衬衣多半是高领，有大襟和对襟两种，用白色绸布作面料的居多；女式翻领，用各种颜色的绸布做成。女式衬衣袖子较长，平时卷起，跳舞时放下，袖随舞起，翩翩飞舞，十分美观。农牧区的服装、鞋帽喜欢采用红与绿、黑与白、赤与蓝等对比色，并且巧妙地运用复色、金银线，具有明快、活泼的艺术效果。

在农区、城镇的藏族妇女均系有围裙，藏语叫“邦典”，是藏族妇女的标志。围裙织法独特，编织精密。农牧区妇女喜欢以强烈的对比色条相配，城镇妇女则选择以纤细的相关色条组成娴雅温和的调子。

藏族帽子种类繁多，主要有毡帽、皮帽、金丝花帽等。毡帽是藏族最古老的帽子。在现代的甘、青一些地区戴以白毛毡为原料，帽顶尖高，帽檐窄小，制作相对简单的白毡帽。现代安多地区则戴红缨毡帽，贡布地区的男子戴男式夏毡帽，基本形状仍是古老毡帽沿传下来的，只是用红缨、金花缎等加以装饰罢了。牧区喜欢戴的皮帽，是用上等的整张狐皮做的，有些讲究的则用缎子做帽面，帽檐用狐皮。男女老幼都戴金花帽，不过式样有别。金花帽是用金花缎、金丝带做装饰，以毛毡和皮毛作面料。这样做出的帽子，在阳光的照耀下闪闪发光，显得格外精神。

藏族男女通行的长筒靴，底高2厘米，腰高至小腿之上，鞋面用红绿相间的毛呢装饰，鞋腰上也有线条、花纹。藏靴可分为“松巴”和“嘎洛”两大类。一般的松巴靴底都是用牛绒捻的绳纳制，高级的用牛皮制底，并以粗毛线或棉线密密缝制，厚达1厘米多。靴帮色彩斑斓，分别用红、黄、绿、蓝等8种颜色的丝线在靴帮上绣出美丽的图案。靴面也绣花，十分艳丽。“嘎洛”靴以牛皮制底，靴帮由3层氆氇缝制而成，其黑色呢在下约33厘米，彩条毛呢在上约3厘米，花纹竖立。靴跟与靴尖缝上黑色牛皮，靴面用染黑牛皮拉条及金丝线镶边。靴帮开15厘米竖口，口边分别用染红羊皮加固。这种靴的特点是靴尖朝上翘起，看上去威武大方。

按传统习惯，藏族男女一律蓄发留辫。男子梳一条辫子盘在头顶，妇女发式从额际正中分开，梳成左右两条辫子。在牧区，则梳成数十条小辫披在背上，均匀整齐。藏族发饰繁多，尤以妇女为最。中青年妇女喜用红绿丝线与头发混编。卫藏妇女在发顶系一近66厘米长的三角形或半圆形的“巴珠”，上面缀满珍珠、珊瑚和宝石。昌都一带妇女则把珊瑚、松耳石、猫眼石等饰品直接系在发辫上。甘南藏族的发饰具有独特的风貌，妇女的发式是梳成数十条小辫，称为“碎辫子”，即将脑门处的头发从左右两侧梳编成上百根细辫，至耳轮上部，用红绿丝线横揽成半圆形，细辫到肩背以下接编黑丝线于腰际；另将后脑勺部分头发编成一束细辫，上坠一宽18厘米的毡胎布块，并将红、绿、黄各色布条横向包面。多数妇女还在头顶盘绕一圈用琥珀珠玑等做的头箍，每粒珠玑大小如豌豆，自上而下串六七颗，约50串。青海南部藏族妇女在辫梢处佩有特制的辫套，辫套上装饰若干个银盾(银质，形似碗，上有各种精致图案)，腰带上挂有尺多长精致的银奶钩和日月形的银制装饰品“咯洒尔”。佩饰主要有耳饰、胸饰、腰饰和首饰，饰品多以金、银、铜和珠宝、石器制成。一些饰品雕镂着精细的花纹，面上镶嵌松耳石。

藏族康区昌都地方服饰特色极为浓厚，它以华丽典雅为贵，注重装饰艺术。康区人最喜欢用珠宝来装饰，他们对玛瑙、九眼珠、珊瑚石、琥珀、珍珠、松耳石、象牙、金、银等贵重宝物的装饰品有着特殊的爱好。康区人所佩带装饰品的部位从头顶、发辫到耳、颈、胸、腰、腕和手指。其装饰品包括发夹、耳环、项链、护身盒、火镰袋、针线包、钱包、腰刀、手镯、戒指等众多品种，以金、银、铜、象牙为其质料，镶嵌各种珠宝玉器，精致加工而成。康区男女都有佩挂藏刀的习俗，男子盛装时佩挂长短两把藏刀和精美的火镰盒等。长刀一般为50厘米左右，刀鞘以银质为贵，并雕刻有虎狮龙凤等吉祥图案，斜插在腰带上，而小刀一般吊在腰带上，以此显示出康区人潇洒威武的英姿。女性所佩带的小刀，长度不超过20厘米，制作考究，小巧玲珑，它与银质针线盒、奶桶钩一起佩戴在腰带上。

云南迪庆藏族聚居区，流行装束是内着袖茧绸衬衣，外罩呢绒坎肩。坎肩图案大方，镶云头金银线绒饰边，以红珊瑚为衣扣，不用高领而以大银环公母扣挂于领口；下着拽地百褶裙，腰缠毛织百花带；喜欢佩戴金银镶珊瑚的长耳环，胸挂银质护身佛盒，右襟挂三须链；头发用彩色丝绦绳相编于头顶。

门巴族

门巴族是我国人口较少的民族之一，据2000年全国人口普查统计，门巴族有8,923人。主要居住在西藏自治区的门隅地区和墨脱县，其南部与印度阿萨姆邦接壤，北部靠藏区，东南与珞瑜地区毗连，西部与不丹为邻，是一个历史悠久的民族。门巴族有自己的语言，属于汉藏语系藏缅语族藏语支。门巴族由于长期与藏族相处，在吸收较多藏族文化的同时，也形成了自己独特的服饰文化。

门隅地区的门巴族男女均穿藏式红色氆氇长袍，衣角和袖口镶蓝色滚边。腰间系一条赭色腰带。男子里面穿白色无领、斜襟右衽长衫，喜欢腰佩砍刀，蓄长发，戴耳环。妇女穿短上衣或长至膝盖的

门巴族服饰

长衣，在藏式红色氆氇长袍的腰间系白色氆氇围裙，披一块小牛皮。少女则披羊尾和四条腿俱全的小羊皮，成年后披牛犊皮或山羊皮，即便是婚礼上，盛装的新娘也要披一张好羊皮。关于门巴族喜披羊皮，还有一段民间传说。相传文成公主入藏时，为避邪，披兽皮，途经门隅时将这张皮赐给了门巴族妇女，自此相沿成俗。实际上这一风俗的来源可能更早，与门巴族的生活环境有直接关系。门巴族居住的门隅地区气候潮湿、寒冷，身披兽皮，皮毛朝外，可挡风雨、防潮、保暖。由于他们居住地区坡陡路窄，人们擅背不擅挑，在背东西时兽皮可做垫物用。

门巴族男女喜戴一种被称作“巴尔夏”的毡绒帽，褐色圆顶，橘黄色帽檐，前面留一缺口，戴时讲究把缺口对着右眼上方，十分醒目。门巴族妇女胸挂护身佛盒。妇女们盛装时均喜欢佩戴银质手镯、耳环、戒指，上嵌珊瑚、绿松石等各种宝石，戴白玻璃穿成的项链，胸挂“呷乌”（盛放护身菩萨的银佛盒）。

珞巴族

珞巴族是我国人口较少的民族之一。据2000年我国人口普查统计，珞巴族有2,965人。珞巴族有本民族的语言，但无文字，通用藏文。珞巴族主要分布在西藏东南部，聚居在珞瑜地区，东起察隅，西至门隅，属于喜马拉雅山区南麓的高山峡谷地带。这里山高林密，地形复杂，形成复杂多变的气候。山上、山下温差很大，但在峡谷地带，气候温湿，四季如春，土地肥沃，物产丰富。生活在这里的珞巴族直到新中国成立以前，由于交通不便，很少与外部接触，尽管生活环境优越，但经济相对落后。在生活习俗以及服饰方面，至今仍然较完整地保留了本民族的鲜明特色。

珞巴族服饰

珞巴族男子穿藏式氆氇长袍，外罩山羊毛编织的黑色套头大坎肩，披一块野牛皮，用皮条系在肩膀上。头戴藤条编制的圆盔或熊皮制成的圆皮盔。在圆皮盔的沿上，套着带毛的熊皮圈，毛向四周伸张。帽后垂一块熊头皮，据说可以防备箭射刀砍，不仅能防敌护身，而且显得十分剽悍威武。珞巴族妇女穿麻布织的对襟、无领、窄袖短上衣，外披小牛皮，下身穿羊毛紧身筒裙，小腿绑扎裹腿。

珞巴族男女均披发、赤足。珞巴族特别喜欢佩带饰物，男子戴耳环、项链，腰佩长刀和弓箭。女子佩戴数串甚至数十串五颜六色的项链，这些项链多用一种蓝色的石料或海贝、兽骨、兽牙等经磨制穿缀而成。佩戴时，有的箍紧颈项，有的垂于胸前，有的垂至脐上。腰部悬挂数十簇用海贝穿成的圆球，以及铜铃、银币、铁链、小刀、火镰等，足有十几斤重。妇女背上还悬挂“阿龙”（一个直径为20厘米的铜钹状物），饰品除贝、铜制品外，还有骨制品。他们非常珍惜自己的饰物，这些饰物是他们衡量财产多少的标志，也是出嫁时不可缺少的装扮。

羌族

羌族是我国民族大家庭中具有悠久历史的古老民族。据2000年全国人口普查统计，羌族有306,072人。主要分布于四川省阿坝藏族羌族自治州及甘孜藏族自治州。羌族有自己的语言，但无文字。羌语属于汉藏语系藏缅语族羌语支。早在3,000年前，古代羌人就生活于我国西北部地区，过着食肉衣皮、逐水草而迁徙的游牧生活。后来，其中的一支迁徙至岷江上游生息繁衍，定居务农并兼事畜牧，逐渐发展成为今日的羌族。

羌族女子服饰

羌族主要聚居于青藏高原东部边缘，这里峰峦重叠、河川纵横、土壤肥沃，宜于农作物及经济林木的生长，半山区的缓坡草坪又是天然的放牧草场。特殊的历史文化，造就了羌族服饰的独特风格，使其既具有农耕经济的特点，也有鲜明的畜牧文化特征。羌族男子穿用麻布或棉布制成的过膝长衫，大襟、右衽。颜色多为蓝色或白色。外面套羊皮坎肩，雨天毛朝外，晴天毛朝内，具有防寒、避雨、垫座的功能。男子还束腰带、打裹腿，穿布鞋或草鞋。在腰间佩戴吊刀、火镰、皮兜。女子多穿大襟长衫，前襟和袖口挑绣有多道精美的花边。衣领处镶有银饰。腰系绣花围裙和飘带，足蹬色彩斑斓的绣花云鞋。

羌族男女均喜欢裹青色和白色的头帕。未婚女子留辫子，在辫梢用红、绿、黄等色缠上，盘在头顶，再包绣花头帕。女子喜欢戴银牌、耳环、手镯等饰物。

羌族崇尚白色，以白为吉，以白为善。在他们的多神崇拜中，尤以崇拜白色和羊为甚。表现在服饰上，无论头帕、羊皮坎肩、麻布长衫，还是腰带、绑腿，都喜用白色。即使采用挑绣工艺，也大都是在蓝布上挑白花，或在白布上挑蓝花、红花，总是以白为主色调。

羌族服饰最大亮点，得益于团花似锦的传统挑花刺绣。羌族妇女擅长挑花刺绣，达到了出神入化的水平。据说明清时期，羌族的刺绣就已颇负盛名，后来挑花亦逐渐普遍。她们挑绣时不打样、不画线，仅用五色丝线或棉线，凭着娴熟的技巧，就能信手在头帕、枕帕、衣襟、腰带、鞋袜等衣物上挑绣出绚丽多彩、疏密有致、形态自如的各种图圈纹、三角纹、云纹、波纹和花鸟、鱼虫、走兽等花纹图案，以寄寓吉祥如意以及对幸福生活的向往。较为典型的图案有“鱼水和谐”、“团花似锦”、“云云花”等。这种内容丰富、色彩艳丽、工艺精致的挑绣技艺，不仅显示出了羌族妇女的聪明才智，而且在我国工艺美术史上也占有一定地位。

羌族男子服饰

彝族

彝族是我国西南地区人口较多、分布较广的民族。据2000年全国人口普查统计，彝族有7,762,272人，主要分布在川、滇、黔、桂四省区。其中，四川有212.2万人，主要居住在大渡河以南的大小凉山及攀西地区。云南有470.4万人，主要以金沙江、元江和哀牢山、无量山之间的地区比较集中。贵州有84.3万，主要聚居在安顺、毕节两地区。广西壮族自治区的西北有0.97万人，聚居在隆林、睦边两县。还有散居全国的9万人。彝族有自己民族的语言文字。彝语属于汉藏语系藏缅语族彝语支，有古老的老彝文。

彝族所处地域幅员辽阔，支系众多，因此，其穿戴因地而异，不同支系的服饰及手工艺也各具特色、异彩纷呈。川滇大小凉山的彝族，四周山川环抱，峡谷深邃，巨流滔滔，由此早已形成彝族古朴、独特的服饰风格。彝族男子穿大襟右衽、窄袖上衣，下着长裤。裤脚有大、中、小三种。女子上着大襟右衽衣，下着百褶裙。由于地处高寒地带，男子均喜外披“披毡”和“擦尔瓦”，有昼为衣、雨为蓑、夜为被的多重功用。彝族女子的腰饰，为榆树皮制成的黑色大腰环。相传在古代，彝族女子英勇善战，打仗时以铁皮腰环护身，后来彝族妇女以此作为一种吉祥物和护身符而流传至今。彝族男女均喜戴头饰，讲究各种佩饰。凉山男子多蓄发椎于头顶，俗称“天菩萨”，象征着人的尊严。除父母长辈外，严禁他人触摸。彝族以黑色为贵、为美，从服饰纹样还可看到他们对动植物和大自然的崇拜。火镰纹是凉山服饰上常见的纹样。火镰是彝族取火的重要工具。他们视火塘为火神的象征，严禁人畜践踏和跨越。

彝族服饰

彝族服饰的主要艺术手段是“做花”。他们把服装及用品上的纹饰工艺统称为“做花”。彝族服饰“做花”的主题范围甚广，略分为三类：一为具象的，如：动物、植物、山水、天象等；二为寓意的，有吉庆、祥福、爱慕、繁育的含义；三为抽象的，有各种几何形及其组成的图案。具象的纹样多为羊角、火镰、鸡冠纹、环纹、浪纹、人字纹、齿纹等，直接取材于大自然。寓意的纹样有蝶恋花、凤穿花、鸳鸯戏水。抽象的几何纹为二方连续、目纹、弦纹、格纹等。纹样均富于韵味。

在“做花”的布局技巧上彝族服饰很有特色。首先是“饰位”的选定，一般是按耐用和美观两个标准去决定装饰部位的。属于前一标准的如衣领、袖口、衣角、鞋舌等；属于后一标准的如上衣的胸襟、裤筒的中段、围腰头、鞋面等。前者多用补花、锁花，着意加固使之耐磨。后者多用挑花、刺绣，以示美观。其次是分割装饰面，较大的装饰面均分成若干局部，加百褶裙，因裙长曳地，穿着时呈现许多直线的褶痕，故常在膝盖以下饰以横向的饰带，造成纵横相对比的效果及局部的完整耐看。最后是组合设计即“骨法”，把单独的纹样和连续的纹样组合的方法。如云南彝族的背带心构图，因其主花较大，而且是众花之主，结构复杂多变，常用米字格、十字格、井字格的方法，花中绘花，四方对称，韵律感很强。

云南彝族的女装别具风韵。在云南的红河、昆明等地的彝族妇女，以其帽式如鸡冠而与其他地区的彝族妇女相区别。其服装以多镶“银泡”而著称。盛装主要包括鸡冠帽、上衣、腰带和绣花鞋。上衣为大襟长衣，有的在衣服的各个部位镶很多的“银泡”。领口周围和衣襟上部用绣花的黑布宽边镶嵌。在花饰的两边，各镶一道“银泡”，中间镶嵌上用由15个“银泡”组成两个三角形、16个“银泡”组成的7个菱形图案；在黑布花边的内缘，镶一条绦子边。前胸、后背和两肩上，各镶一组银饰图案。每组由四个镶满“银泡”的正方形组成。肩上和背后的正方形较大，每个镶“银泡”121个，胸前五组的正方形较小，每个镶“银泡”81个。胸前的空处，镶有大小不等的“银泡”组成的正方形；镶“银泡”分别为100个，81个，49个。立领上下边都镶一道“银泡”。中间镶由三个“银泡”组成的三角形9个，袖端镶红布，宽边上面用黄、绿、蓝、白丝线绣凤凰、蝴蝶、蝙蝠纹样。其内缘镶黑布条，上面绣蝴蝶和螺旋纹，图案艳丽。黑布边的沿上镶34个“银泡”，每个“银泡”系十个银三角锥，两袖花纹图案对称。这件衣服上镶的“银泡”达二千个左右，可见其做工之精细。

彝族腰带为红色布带，宽约10厘米。其两端装饰极为华丽，各镶一条黑布绣花宽边，内缘补绣一幅花纹图案。在花边、补绣图案及红布上镶由“银泡”组成三角形边和菱形的图案，约有40厘米。带的端边各挂4串银三角锥，每串分三层。束腰后，腰带的两端垂吊于后面，美化了背后的下部。

彝族鸡冠帽是女装不可缺少的配套服饰，因其形似鸡冠而得名。这种帽的制作方法：第一步是把几张布叠起来，缝紧；第二步是根据帽圈的大小，按公鸡冠的形象，把布剪裁成相同的两片；第三步把这两片布的两端及上部缝好即成；第四步进行装饰。装饰最为繁复，大致可分为三类：一是镶银珠珠的鸡冠帽，以直径约为5至6毫米的银珠串起来，从帽的外沿起，由外及里，一层紧挨一层地把银珠串铺在布片上钉紧。镶好银珠，整个帽面都是银珠珠，而且很有秩序。这种华美的银珠鸡冠帽戴在头上，银光闪闪，极其引人注目。二是绣花鸡冠帽，在布面上绣上自己喜欢的各种纹饰。三是绣花加银饰鸡冠帽，在绣花鸡冠帽的空余地方再镶上银花、银链。这种鸡冠帽既有绣花又有银饰，另有一番风韵。

彝族妇女为什么要戴公鸡冠形象的帽子？这里有一个感人的传说：相传在很久以前，在红河地区的一个山寨里，两个男女青年在劳动和生活中，相识相爱。姑娘心灵手巧，貌若山花，小伙子勤劳勇敢，人们都称赞他们是天生的一对。但森林中的魔王对姑娘不怀好意，总想霸占她。在一个明月皎洁的夜里，小伙子和姑娘在森林中约会，魔王突然降临杀害了小伙子，把姑娘强行带走。姑娘不甘心受其侮辱，趁魔王不备时逃跑出来。魔王发现后，紧追不舍。当她跑到一个村寨边时，公鸡就“喔喔”地啼叫了起来。魔王听到鸡叫声，知道前面有人家，不敢再追赶姑娘。姑娘终于逃出了魔掌。姑娘带着公鸡来到心爱的小伙子被害的地方。当公鸡“喔喔”鸣叫起来后，奇迹出现了，小伙子复活了，姑娘高兴地搀扶着小伙子回到村子里。后来他们结为夫妻，过着幸福美满的生活。

彝族人民不仅把戴鸡冠帽作为吉祥的象征，而且将它作为一种审美的标准。同时也是妇女们聪明才智的结晶。哪位姑娘的鸡冠帽做得漂亮，她就会赢得人们的赞扬。因此，鸡冠帽在彝族妇女中广泛流行，制作技艺不断提高。

白族

白族是我国西南地区历史悠久的民族。据2000年全国人口普查统计，白族有1,858,063人，主要分布在云南省，80%以上居住在大理白族自治州。怒江、昆明、丽江、保山、临沧、迪庆等地也有分布。此外，四川凉山彝族自治州、贵州毕节地区和湖南桑植等地也有少数白族和当地民族杂居。白族有自己民族的语言，属于汉藏语系藏缅语族。

白族尚白，历史悠久。自称为“白子”、“白尼”等。过去白族人民所穿用的衣料质地大多为木机自织的棉布。随着社会的发展和商品经济的活跃，丝绸、绸缎等衣料越来越多地被运用到白族人民的穿着上。白族妇女自幼开始学习纺织、刺绣、编织和缝纫等与服饰有关的技能，并且大都在服饰制作上具有出色的才干。

白族人民崇尚白色。无论男女的包头、女子的帽箍、还是男女的衣裤都喜欢使用白色和接近白色的淡蓝等颜色。生活在大理苍山之麓、洱海之滨的白族妇女，十分讲究色彩的搭配。她们身穿白色右衽短上衣，右衽结钮处挂三须或九须银饰，紫色坎肩，外套黑色或紫红色丝绒领褂，下着白色或蓝色长裤，腰束黑色或青色的绣有花边的围裙。围裙的两条带子用蓝布制成，在带子的末端用白丝线挑绣蝴蝶花纹。这种白色和青色的完美搭配，反映了白族人民对白色的崇尚，他们认为白色象征纯洁、光明、高尚、吉利。青色、青蓝、湛蓝象征希望、淳朴、真诚。白色又代表苍山上的雪，青色代表洱海中的水。白族女子大都肩挎绣着美丽图案的挂包，足穿绣花的“百节鞋”，显得十分清丽明快。男子一般头缠白色或蓝色的包头，垂下一尺多长。身穿白色或浅蓝色对襟领上衣，下着宽腿裤。

白族服饰

未婚姑娘独辫，连同白樱穗的头巾或彩色毛巾用红头绳盘于头顶。已婚妇女挽髻，用丝网罩住，插簪子，以彩色毛巾、扎染布黑布和蓝布包头。白族妇女也戴首饰，耳戴金、银或玉制耳坠，手戴纽丝银镯或玉镯、戒指。

白族地区历史上开化较早，又是南诏、大理的政治、经济、文化中心，文化艺术历史悠久，决定了白族人民在审美观念上不刻意追求服饰的绚丽多彩、富丽华贵，而是在色调对比和色彩淡雅朴素的境界中求得美的升华。白族妇女擅长刺绣，却很少在衣装上直接刺绣图案，往往是将色彩艳丽的图案绣在挂包、裹背、腰带、包头巾、鞋等饰物上，美丽朴素，典雅大方。

哈尼族

哈尼族居住于中国西南部山区，以梯田文化著称于世。据2000年全国人口普查统计，哈尼族有1,439,673人。他们绝大多数分布在云南省南部元江下游与澜沧江之间连绵起伏的哀牢山、无量山和西双版纳。红河哈尼族彝族自治州、墨江哈尼族自治县、元江哈尼族彝族傣族自治县、江城哈尼族彝族自治县、普洱哈尼族彝族自治县、镇沅彝族哈尼族拉祜族自治县是哈尼族人口聚居的地区。哈尼族有自己民族的语言，属于汉藏语系藏缅语族。

哈尼族多居住在海拔1000米至1400米之间的半山区地带，四季气温差别小，雨量充沛，光照充足，适于水稻生长。他们多居气候凉爽的高山或半山上。因而哈尼族的服装面料选择吸热性较强的黑色作为基本色调，并在此基础上辅以其他颜色，形成色彩斑斓、意趣生动的服饰文化。由于历史上哈尼族大聚居小分散，族际互动半径很小，形成了许多区域性的文化特征，不同地区和不同的分支，其服装款式不一，装饰审美用意也不同。

哈尼族擅长种植棉花，各家都有木制的压棉机、纺纱机和织布机。染织手艺是哈尼族妇女世代相传的技艺，又是衡量女子聪明才智及其治家本领的重要尺度。哈尼族无论男女老幼都喜欢穿青色衣服。染料也只有蓝靛一种。根据习惯不同，有的地方妇女是将布染色后再制衣，有的地方则是先缝衣后染色。

哈尼妇女的服饰中，短衣短裤（裙）型最具特色。它的特点是短和露，给人以外露柔媚之感。短衣短裤（裙）型，指的是衣长不过臀部，袖长不过肘，裤（裙）长不过膝的哈尼族妇女的生活服装，其中以哈尼族叶车妇女的原始服装为典型。从前，居住于红河县的浪堤、大洋街、车吉一带的哈尼族叶车妇女，上着“龟裳”（一种下摆呈圆形的短上衣），下穿紧身短裤，头戴“帕常”（一种尖顶的三角形头帕），服饰独具一格，颇有特色。

她们穿着的上衣长度只及臀部上方，衣袖短而宽，长度及肘部；上衣两腋下端开口，交领对襟、胸部形成剪刀领口；前胸两襟中间部位两边各钉一条棉线，稍斜拉向右边拴稳即为纽扣，非常松散。叶车妇女的上装，虽然属于剪刀领口的对襟衣，但没有胸衣配套使用；叶车妇女下穿紧身短裤，近似泳装，其长度只及大腿根部。这种短裤的裤腰右侧开口，两侧钉上四根棉线，以此当腰带固定短裤；而本已很短的裤腿，在两腿前边的部位，还要往裤裆方向折七个折子，并用针线固定起来，使年轻姑娘穿着时，看上去这个部位略有上翘，大腿正前方与短裤脚形成人字形；由于前边的裤脚被提起，后面的裤裆就紧紧裹着臀部，把妇女丰满的臀部勾勒得恰到好处，再配以各种银饰，如银手镯、银鱼、银链、银铃、银螺、银牌、银围领，腰系自己编织的彩色腰带，构成与众不同的服饰特征。叶车妇女的服装干净利落，样式与形体融为一体，年轻女子穿着这种款式服装，露出秀美的大腿，有力的手臂，充满着青春活力，虽然服装的色彩装饰极少，但能给人一种有力的健美感受。

哈尼族妇女服饰

穿短衣短裙的主要是居住于西双版纳和思茅部分地区的“阿卡”妇女。“阿卡”妇女服装，均以自织的黑色土布作面料，由圆领的对襟上衣和胸衣两部分组成。对襟上衣袖子较长，衣服下摆长及臀部。上衣无扣，穿着时两襟敞开，必须与胸衣配套。下装为百褶短裙，裙长只及膝头上方，几乎没有任何修饰，只有百褶裙和一般裙子之区别。其上衣的前襟和下摆装饰性极强。一般袖子用黑、红、绿、蓝、黄、白色的布料拼接而成，显得色彩斑斓，十分别致。上衣的左右衣襟上，则用彩色的丝线，有规律地绣满各种几何图案，与袖子的彩色相映成趣。西双版纳的哈尼族妇女，还制作精美的坎肩，与盛装配套。一般除衣服边缘部位绣满各种花纹图案外，前襟两边有规律地钉满“银泡”、银币和贝壳等装饰品。“阿卡”妇女特别重视对胸衣的装饰，多用红、蓝、黄等不同颜色的布料制作。作为素装，只注重色彩的搭配，其他饰物相对较少。但作为盛装，她们特别对胸衣用各种不同的银器装饰，除绣制各种几何图案之外，用银牌、银币、大小“银泡”，按一定规律钉满整个胸衣，与绣制精美的对襟上衣配套穿着。成年妇女的帽式主要有圆形、瓦形和尖顶形三种，每一种帽子都是以彩线、“银泡”、银链、银币、彩珠、彩色羽等加以认真装饰。护腿，也是哈尼妇女服饰的重要组成部分之一。“阿卡”妇女下穿短裙，小腿套上护腿，既保护了自身，也起到了重要的装饰点缀作用。护腿大致有两种式样，一是用黑、绿、蓝等彩色布拼接而成，两头边沿着意绣花。二是以黑布作底，用红、白、黄等丝线绣出各种几何图案，在适当的位置钉上珠子、贝壳和“银泡”等，十分别致。哈尼族“阿卡”妇女的短衣短裙，从头到脚形成一种特殊的风格和韵味，再佩戴上银耳饰、项圈、彩色串珠等，整套服式显得特别别致，清新悦目，具有很高的服饰审美价值。

哈尼族妇女的服饰与其丰富的传统文化和古朴的风俗习惯密切相关，年龄、婚否、是否生育或婚丧喜事等在服饰上都有明显的体现。哈尼族服饰文化中，妇女的服饰显得尤为突出，创造这一丰厚文化底蕴的主体是哈尼族妇女。哈尼族妇女勤劳善良，热爱生活，她们有很强的创造性和模仿性，把自然界中的花、鸟、鱼、虫等形象用各种工艺手法运用到服装上，也能熟练地应用对称、平行、线条和色彩的搭配装扮自己。

除服装以外，各种佩饰在哈尼族服饰中也是十分重要的。最主要的是银饰，有银链、“银泡”、银扣、银戒指、银鱼、银铃、银腰带、银项圈、银耳饰等等，各种银饰戴在身上适当的部位，使得姑娘显得华美富贵，再辅以彩色串珠，绣花背包等极富民族特色的佩饰，使得姑娘的头饰、胸饰、腰饰和脚饰浑然一体，色彩艳丽，充满着哈尼民族特有的气息，就像春天盛开的花朵，鲜艳无比。

傣族

据2000年全国人口普查统计，我国傣族共有1,158,989人，主要聚居于云南省西双版纳傣族自治州、德宏傣族景颇族自治州、耿马傣族佤族自治县和孟连傣族拉祜族佤族自治县。傣族有本民族的语言和文字，属于汉藏语系壮侗语族壮傣语支。

傣族居住在我国热带河谷平坦地区，这里气候炎热、雨量充沛、树木茂盛、风光优美，被赞誉为“动物王国”和“植物王国”。傣族擅长农耕和种植。“男耕女织”是傣族经济生活的一个重要特征。早在明代，傣族的纺织品“干崖锦”即负盛名。家庭纺织业比较发达并有悠久的传统，一般女孩子10岁左右开始学习纺织技术。手工织品主要有傣锦和棉布两种，傣锦是用色彩鲜艳的锦线和丝线织成，图案精美、色彩绚丽，多用作装饰及衣料。棉白布经过漂染工艺处理，染制成各种颜色的花纹图案，用作衣料。由于地处边陲，他们在生活习俗、宗教信仰等方面融合了中原和印度及中南半岛诸国文化，从而形成了别具特色的服饰文化。

傣族男子多穿对襟或大襟小袖衫，下着深

色长裤，用白、青布或彩绸包头。傣族妇女服饰最能体现本民族特色，并且因地区而异。云南西双版纳的傣族俗称“水傣”，妇女喜欢穿浅色紧身小背心，外套对襟或大襟圆领、紧袖短上衣，下着色彩艳丽的长筒裙。长发挽髻，插鲜花或梳子。色彩斑斓的筒裙最能体现出傣族的审美情趣和民俗寓意。她们多喜欢用银腰带，选孔雀羽毛颜色和花纹的丝料或布料做筒裙。西双版纳历来被誉为“孔雀之乡”，孔雀生性温顺、动作优美、羽毛绚丽，被认为是吉祥物，备受崇敬。傣族之所以崇拜孔雀，有着一个动人的传说。在傣族长诗《召树屯》中描写了一位美丽善良的孔雀公主楠木诺娜飞来金湖沐浴，孟板加国王子召树屯得其孔雀衣使她无法飞返，遂结为夫妻，生活美满幸福。孔雀王得知后大怒，发兵征讨孟板加国，召树屯率兵抗敌。之后召树屯被奸臣所骗，准备于日出时杀死孔雀公主，楠木诺娜恳求死前着孔雀衣一舞，允之，

傣族儿童服饰

遂飞还家。召树屯祈神龙为助，越山河海洋与公主团圆。为纪念这对对爱情坚贞不渝的夫妻，傣族人民每逢节日翩翩跳起孔雀舞，还将孔雀的图案巧妙地设计在服装面料上，以表示对美和幸福的追求。

傣族服饰

德宏地区的傣族俗称“旱傣”，未婚女子穿浅色对襟或大襟窄袖上衣，衣长过脐，下摆宽大。下着深色长裤，腰系绣花围裙，红头绳结发辫盘头，插鲜花。已婚妇女穿对襟、无领衣，衣下摆宽大，衣长过腹。下着黑色筒裙，分内裙外裙，戴黑布高筒帽，不系围腰。喜戴耳环、手镯、项链、胸花等。元江流域一带的傣族，俗称“花腰傣”，妇女内穿缀满银饰的紧身小背心，外套三件且一件比一件短的窄袖短上衣，衣服领边、胸前镶“银泡”、挂银扣，衣角、袖口镶饰色彩艳丽的花边。下着左高右低的三四条筒裙，裙边镶满艳丽的刺绣花边。戴绣花高筒帽，外出戴用竹篾编制的“鸡枞帽”，戴夸张的大银制耳环、六方体银手镯。

傣族青年男女以织腰带为定情礼物。由于傣族居住的村寨盛产竹子，他们除了用竹子建成的幽静而雅致的干栏式住宅和制作各种生活用具外，还用细竹篾编成彩绘的竹笠、腰箩，作为佩饰。

傈僳族

傈僳族主要聚居于云南省怒江傈僳族自治州及维西、华坪、永胜、腾冲等地，少数分布在四川的米易、德昌、盐边等地。据2000年全国人口普查统计，傈僳族现有人口634，912人。傈僳族世居我国西南边疆，是一个历史悠久的民族，属于氐羌族群后裔。有自己的民族语言，属于汉藏语系藏缅语族彝语支。傈僳族生活的地区属于我国最典型的深山峡谷地区，其生活方式以山区耕牧经济为主，采集和狩猎为辅。傈僳族传统服饰逐步形成因地而异的多种款式，如怒江型、丽江型、保山型、维西型、德宏型等等，带有明显的地域特征。各地之间差别较大，甚至同一地区内就有几种不同款式的服装。傈僳族的服饰从色彩上将其划分为黑傈僳、白傈僳、花

傈僳族服饰

僳僳三大类型。

黑傈僳主要分布在维西、中甸、丽江以及怒江傈僳族自治州的部分地区。女性头戴一顶黑布上缀有数条珠串和银链相连的帽子，耳坠银链，上穿右衽式、粉红色和黑色锦绒短褂，下穿长及脚踝、裙边有彩线饰纹的浅蓝色绸布长裙，脚穿布鞋。男性头缠圆形黑布套，上着深色中开右编纽扣衣服，外加中开式无扣无袖羊皮褂，下着深色布长裤，脚穿胶鞋。

白傈僳主要分布在禄劝、武定、泸水、永胜等地。老年女性头缠黑布套，上穿右衽式、长及大腿的白麻布衣服，下穿各种深色长裤。年轻女性头缠浑圆形黑布套，穿由红、黑、绿等五彩色布拼缝的右衽式、前短后长的衣服，衣服为坎肩式，并设暗包，衣服两腋侧开口，腰系长及膝的黑围腰，边缘用黑、蓝等五彩布和碎花彩带修饰，前腹带上钉着数行白色圆形贝壳，下穿深色大宽裤。男性穿右衽式白、黑麻布上衣，外穿对开无扣黑色短褂，下穿大裤裆宽腿裤，头裹青布套。

花傈僳主要分布在保山、德宏傣族景颇族自治州。女性头包一块5尺长的黑色或蓝色包头，两端镶一尺长的三色或五色方条布，外饰贝类、刺绣花纹、银坠、海巴串、骨雕坠等饰物。穿黑蓝色上衣，上面镶以三色或五色方块布，前长至脐，后长到膝部。胸前饰一条钉有8块银牌扣领带，颈上戴多条色彩斑斓的串珠和玲珑有致的银项圈，腰缠腰带。更为繁复的是在臀围饰“龙尾尖角”、绣有艳丽图案的围裳裙，小腿还要装饰漆箍、彩色吊筒，脚穿草鞋。男性上穿白色长衫，外穿蓝色大襟衫，围金黄色腰带，下穿大裆裤。缠黑色或蓝色包头。出门有挎长刀的习惯。

佤族

据2000年全国人口普查统计，佤族人口为396,610人。佤族主要聚居于澜沧江以西和怒江以东的怒山山脉南端，俗称阿佤山区。这里地处亚热带，山高谷深、雨量充沛、竹木茂盛、资源丰富。佤族有自己的语言，属于南亚语系孟高棉语族佤德昂语支。

生活在阿佤山区的佤族人民崇尚黑色，把黑色看做美的象征。生活中皮肤黝黑的小伙，被认为是诚实而勤劳的；头发浓密而黑亮的姑娘，最受人青睐。古代佤族视齿黑为美，每到农历八月间，他们总要上山采摘鸡血藤尖或果实，反复嚼，将牙齿染得又黑又亮，不仅美观还能起到保护牙齿的作用。佤族有谚语：“牙齿黑才好欢笑，脚步响才好走路。”

佤族服饰因地区不同而有所差别。西盟地区男子多穿无领、长袖、左衽短上衣，宽腿短裤，缠黑布包头，戴银耳环。青年男子喜戴藤项圈，缠有黑、红线穗头的包头。外出时，挎长刀、弓弩、火枪及背袋等狩猎工具。西盟妇女上身穿黑色无领、无袖、对襟、开胸短衫，下穿以红色为主色调的多色条纹短筒裙，披散着乌黑的长发，用银质的刻有花纹的宽发箍拢于耳后。同时喜欢腰戴藤篾腰箍，小腿套藤篾圈。喜戴银质耳环、耳链花、耳链铃、金银项圈、银手镯。

沧源佤族传统男装，内穿白色或蓝色短衫，外套无领、长袖、大襟黑色外衣。或者外套黑色、绿色、紫色绸缎外衣，里面的白、蓝色短衫的衣袖、内衣边一定要比外衣长出一截。这种内白外黑的搭配装称为“鹊雀装”；内蓝外黑或内白外绿的搭配装称为“绿鹂服”。下穿宽腰、大裆、长及小腿的宽脚黑裤。

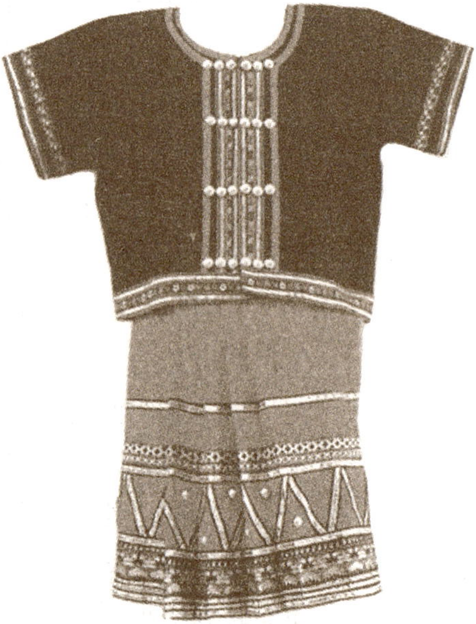

佤族服饰

女性被佤族视为人类之母、爱情甜蜜之泉、幸福美满生活之根，受到特别的爱戴。因而，沧源佤族传统女装服饰，比男装讲究得多。非常注重花色陪衬，纹波均匀。妇女穿内衣和外衣，均为无领、无纽、无袖合扇衣，内衣为蓝、绿、粉红色，外衣为黑色。而且要比外衣的袖和身更长些，以露出内衣为美。下着开口裹裙。系黑布腰带，腰带上面镶钉许多珍珠、小铜板钱、白色小贝壳和小芦谷籽。裙以红色为主调，以黑、蓝、白、黄等色搭配，手工织成宽窄不一、若隐若现的花纹，再在裙子中部的一路波纹和上、下部的一路波纹上绣出丰富、美丽的各种动植物图案，使整个裙身呈现出动感美，似江河瀑布，如红霞灿烂。

佤族妇女喜戴各种首饰，其中银饰颇具特色。她们多戴银片制成的雕刻有各种花纹的发箍、银耳环、银耳柱、银链花、银链铃、银颈饰等。耳环内圈直径达五六厘米；耳柱两头的银皮、“银泡”宽度有四五厘米；耳链长达肩头，挂有三至五个银链花或银铃。银项圈粗细不等，少则一个，多则五个。银项链多为链条，戴一至五条不等。首饰戴银戒指，包括在手腕、手臂戴银手镯、银手链。手镯有圆有扁、有宽有窄，宽者有四、五指之宽。佤族首饰的一个鲜明标志是在颈、臂、腰、腿上都戴数个至数十个竹篾圈或藤圈。未成年女子，每增加一岁即加一脚圈，故有“欲知年龄数脚圈”之说。

佤族男女老幼均喜爱“筒帕”挎包，多用各色棉、麻、毛线和丝线编织而成，色彩艳丽，图案多种多样，既是一种生活用品，又是装饰品，无论下田劳动、串亲访友，还是赶集购物，几乎都随身携带。姑娘们亲手编织的“筒帕”，还是她们爱情的信物，当姑娘悄悄地爱上一个小伙子时，就会把自己最心爱的“筒帕”送给他，以寄托自己的丝丝柔情和浓浓爱意。

佤族服饰的原料多为自制的棉、麻土布。佤族几乎家家户户都有织布机等纺织工具。每逢农闲，勤劳的佤族妇女便开始繁忙的纺纱织布。她们善于采撷大自然中的各种植物，染制成红、黄、蓝、黑、褐等颜色的线和布料，并用各种色线搭配编织各种花纹图案。佤族的传统花纹图案，往往是以具体的事物来表现比较抽象的观念。如裙布上织的白鹏翎纹，象征吉祥与幸福；松鼠的牙齿，象征坚强与结实；茅草的茎秆象征刚直与朴实。

拉祜族

拉祜族是我国云南西南部的一个山区少数民族。据2000年全国人口普查统计，拉祜族共有453,705人，主要分布在澜沧江流域的思茅、临沧两个地区，约78％的拉祜族聚居在澜沧江以西地区。拉祜族有自己的语言，拉祜族语属于汉藏语系藏缅语族彝语支。拉祜族人民长期与汉族、傣族密切交往，都能兼用汉语和傣语。20世纪初，拉祜族曾使用过西方传教士创制的拉丁字母形式的文字。1957年，在原有字母的基础上创制了新文字。

拉祜族服饰

拉祜族是一个历史悠久的民族，其先祖可以追溯到古代羌人族群，他们早期在北方过着游牧生活，后经过不断向南迁徙，最终定居于澜沧江流域。拉祜族过去以虎作为本民族的图腾。拉祜族的服饰具有独特的民族风格。拉祜族因服饰和居住地大致分为几个支系，主要有拉祜纳(黑拉祜)、拉祜西(黄拉祜)、拉祜白普(白拉祜)等。拉祜族男子多穿黑色短衫，下着黑色宽大的长腿裤，裹黑色头巾。拉祜族妇女服饰主要有两种类型：一是拉祜纳支系妇女的服饰，她们头缠约一丈多长的黑色或彩色头巾，末端从背后垂及腰际。身穿斜襟大开衩长袍，衣领、襟口、袖口和衩子两边都镶有彩色几何图案，沿衣领至开襟嵌有“银泡”。下穿长裤，有的地区还喜欢系腰带，保留了北方游牧民族袍服的特征。二是拉祜西支系妇女的服饰，则是典型的南方民族装扮，上身穿无领、窄袖、对襟或斜襟短衣，在胸口、衣领、袖口处镶饰有彩色几何图案布块和布条，衣领至开襟处，镶饰有许多“银泡”，下身穿织有花纹的筒裙，绑腿套。其他拉祜族男女也爱穿汉式和傣式服装。

纳西族

纳西族源于古代羌人的一支，原生活在西北河湟地区（今青海省黄河和湟水谷地一带），后不断南迁。2000多年前就已经生活在云南、四川交界处的金沙江流域，有着悠久的历史和灿烂的传统文化。据2000年全国人口普查，纳西族有人口308，839人。主要聚居于云南省丽江市，其余散布在四川省和西藏自治区。纳西族有自己的语言文字，纳西语属汉藏语系藏缅语族彝语支，分东部和西部两个方言区。早在晚唐时期纳西族就创造了“东巴文”象形文字。

元、明时期纳西族农业生产有较大的发展，原来的狩猎和畜牧经济退居次要地位，毡、布、棉、绸等产品成为纳西族重要输出物资。纳西族在历史发展中，与汉、藏、白、彝等民族有较多的经济和文化交往，部分地区处于杂居状态。纳西族具有游牧迁徙的历史，崇拜自然神，文化观念较为开放，善于吸收兄弟民族的先进文化。因此，受这些民族文化因素的影响，逐渐形成了独具特色的纳西族服饰文化。

近代以来，纳西族男子的服饰与汉装基本

趋于一致，而女子服饰则保留了传统的民族特色。已婚妇女头梳发髻戴帽，未婚姑娘则将发辫盘在脑后，戴包头布或黑绒小帽。在以农业为主的丽江地区，女性服饰的一个最为显著的特征，就是劳动或外出时披羊皮披肩。披肩上绣有两大七小的九个圆形图案，俗称“披星戴月”或“七星披肩”。

云南丽江纳西族妇女披肩是一种较短的披衫。披肩面上有两个大圆形和七个小圆形，分别代表太阳、月亮和北斗星，故有“披星戴月”之美称。羊皮披肩上镶两个圆形图案，分别代表太阳和月亮。在羊皮的上部镶一字排开的7个圆形图案，代表北斗星。在这些圆形图案上用红黄丝线刺绣多层圆圈纹样，各层圆形的外缘，多刺绣齿形或芽瓣形纹样，表示光芒四射。每颗星星的中央又牵出两条鹿皮细绳，象征星星的光芒射出。披肩上部的两角各缀一条长飘带，上面挑绣花纹图案。纳西族妇女成功地运用抽象的几何

纳西族“七星披肩”

圆形，表示内容丰富、含意深远的民族精神。所谓“披星”，就是表示在黎明之前，太阳尚未升起，天上还布满星星的时候，人们已经到田间劳动了。所谓“戴月”，就是表示太阳落山，月亮出来了，人们还在地里劳作。从中可以看出纳西族人民热爱劳动、勤劳刻苦的优良品质。现在“披星戴月”有的已经不用太阳和月亮圆纹镶嵌了，只镶一字排开的七颗星星。纳西族妇女的“披星戴月”有悠久的历史。《丽江府志略》就有清乾隆时她们“拖长裙、覆羊皮”的记载。这种羊皮上还“缀饰锦，绣金珠”，是一件很华丽的披肩。

羊皮披肩的样式是模拟蛙身形状剪裁而成的，缀在披肩上的圆形图案则表示青蛙的眼睛。羊皮代表着畜牧生产，青蛙代表着农业经济，纳西族的羊皮披肩生动地反映了纳西族的历史变迁和文化内涵。

景颇族

据2000年全国人口普查统计，景颇族共有132，143人，主要居住在云南省德宏傣族景颇族自治州境内的海拔1500～2000米的亚热带山区。景颇族有自己的语言文字，属汉藏语系藏缅语族，按不同支系分为五种语言，两种文字。其先民最早劳动生息在青藏高原南部，后来迁徙到云南西北部及怒江以西地区居住。以农业生产为主，兼营畜牧业、采集和家庭手工业等。

景颇族的女装独具风采，其衣料及装饰都体现出浓郁的民族风格。主要由短上衣、筒裙、包头巾、护腿、背包和首饰等组成。

上衣为无领大襟或对襟，多为黑金丝绒面料，窄袖紧身，领口至胸上部。最突出、最令人注目的是，它的领口周围，由里向外，镶有

景颇族服饰

三圈“银泡”。“银泡”的直径由里到外，依次逐圈加大。里圈的“银泡”直径约2厘米，最外圈的“银泡”直径约3厘米。外圈的每个“银泡”系有二串银三角锥，每串分三层，每层分别挂4、6、8个银三角锥，领口周围的“银泡”直径依次由里到外逐步加大，与衣领布由里向外逐渐增宽成正比，形成协调的图案。领口周围的衣料几乎被“银泡”掩盖，而变得银光闪闪。第三层“银泡”下系众多银三角锥，垂吊而下，盖了上衣的大半，身摇锥动，发出清脆悦耳的响声。

下装是羊毛或丝线织成的花筒裙。筒裙由三幅或两幅裙料缝制而成，由三幅缝制的可长及脚面，由两幅缝成的则较短。裙上的花纹图案非常丰富。植物类的有红木花、南瓜花、蕨菜花；动物类有虎尾、虎脚、山猫脚、羽毛纹、鱼、龟、雀眼、鱼眼等纹。还有菱形等抽象图案。而动物、植物类的花纹图案是用不同形状的几何图案来表示的，图案的寓意深远。正如景颇族人民所说，“筒裙上织着大卜事，那是祖先写下的字。”他们认为，其祖先是靠蕨菜为生的，为了铭记蕨菜的功劳，他们把蕨菜花纹样刻在标志木脑节的“木脑柱”上，刻在男子随身佩带的长刀的刀鞘上。妇女则把蕨菜花的纹样织在筒裙上。而筒裙上的曲线纹是表示他们迁徙的艰难和曲折。据说景颇族的祖先原来生活在喜马拉雅山脚下，后来经过艰难的迁徙，跋山涉水，才在今天的瑞丽江畔、澜沧江边定居下来。为了怀念前人的业绩，她们把曲线纹样织在筒裙上。

景颇族妇女以自己的审美观，把本民族对色彩的崇尚，自如地运用于衣饰配色。筒裙多为红底黑纹朱砂红的艳色，配以深沉的黑色，丰满厚重，而毛线的自然织纹及绒面感更增加面料的富丽多采，有的在筒裙纹间缀黄、绿点状小花纹，闪烁迷离，耀人眼目。头上的包头巾，基本上是筒裙的色调和花纹，协调而质朴。

与服装配套的装饰有镶嵌“银泡”的背包，这种背包用棉线或毛线织成各种花纹图案，如彩虹、螃蟹、鱼等纹样，黑底红花。正面镶嵌横向两排或三排的“银泡”，每排10至12个。底下一排的每一个“银泡”下还吊有银三角锥的银链。佩带镶有“银泡”的背包是景颇族妇女盛装最好的衬托。无“银泡”背包，则用草珠、绒球装饰。颈上戴几个银项圈，戴银耳环，手腕上戴约10厘米长、镶有银花的银手镯。有的在腰部套刻着精美花纹的腰箍。每当节日来临的时候，妇女们穿着银饰盛装，宛若天仙。

男子穿黑色大襟上衣和裤脚肥大的裤子，一般要裹包头。老年人留发辫盘于头顶，包黑布包头。年轻人喜欢包白头巾，头包两端缀有红绒线球；外出时，肩上斜挂长刀、火枪和红色毛织的花包。包内多装酒筒、沙橘、烟草、槟榔等物。人们相见，互递烟草，以示友好。

布朗族

布朗族是我国人口较少的民族之一，据2000年全国人口普查统计，布朗族共有91,882人。布朗族主要聚居于云南省西双版纳傣族自治州勐海县的布朗山及西定、勐岗等地。布朗语属于南亚语系孟高棉语族佤崩龙语支，分布朗与阿尔佤两种方言。部分人会讲傣语、佤语或汉语。没有本民族的文字，部分人会汉文、傣文。

布朗族的服饰，各地大同小异。男子上穿无领、对襟、长袖短衣，下穿黑色大裆裤，裤腿短而肥，缠黑布或白布包头。过去布朗族男子有文身的习俗，四肢、胸、腹皆刺染各种花纹。由于和傣族混居受傣族服饰影响较大，妇女的服饰与傣族基本相似。青年女子穿着艳丽，上身内穿镶花边小背心，对襟排满花条，用不同的色布拼成，有的还在边上缀满细小的五彩金

布朗族服饰

属圆片，银光闪闪。背心外穿无领、窄袖、紧腰宽摆、长至臀部的短衫，左右大衽或斜襟，腋下系带，打结后下面的衣摆自然提起，成波浪状。下穿自织的筒裙，长及脚背，里外穿两条裙，在家穿里裙，外出时套外裙。内裙为白色，比外裙略长，露出一道花边。外裙的上面三分之二是红色织锦，下面三分之一由黑色或绿色布料拼缝而成，裙边用多条花边和彩色布条镶饰。用一条方块银带或多条银链系裙。留长发，挽髻，上缀彩色绒球并插很多色彩艳丽的鲜花。已婚妇女一般是彩色围巾包头，包头两端抽成须穗状，坠在头的左右两侧。戴银钏，少则十几圈，多则几十圈。富裕人家的女子还戴银镯或玉镯。中老年女性包黑色包头，穿黑色上衣，下着镶黑色或蓝色脚边的织锦筒裙。衣服上装饰较少。

阿昌族

阿昌族是我国人口较少的民族之一，据2000年全国人口普查统计，我国有阿昌族33，936人。阿昌族主要分布在云南省德宏傣族景颇族自治州的陇川、梁河等县，此外，也有少数分布在盈江、潞西、瑞丽及保山地区的龙陵和腾冲两县。阿昌族有本民族语言，属汉藏语系藏缅语族缅语支，无文字，习用汉文和傣文。历史上与景颇族、汉族、傣族、白族等关系密切。

阿昌族居住环境为丘陵山地，气候温和。过去阿昌人以采集、狩猎为生，现在从事农业，擅长水稻种植，创造了独特的服饰文化。阿昌族男子多穿蓝、白或黑色的对襟上衣，下穿宽大的黑色长裤。未婚青年头缠蓝

阿昌族服饰

色包头，已婚者头缠白色包头，且戴耳环。男子外出肩背“筒帕”，腰挎四方闻名的“阿昌刀”。

腊撒地区阿昌族的衣着民族特色最浓。姑娘爱穿蓝色、黑色对襟上衣和长裤，打黑色或蓝色包头，有的像高耸的塔形；有的则用10寸多宽的蓝布一圈圈地缠起来，包头后面还有流苏，长可达肩；前面用鲜花和各色绒珠、瓔络点缀；有的在左鬓角戴一银首饰，像一朵盛开的菊花，上面镶玉石、玛瑙、珊瑚之类；姑娘们还以银元、银链为胸饰，颈上戴银项圈数个，光彩夺目。阿昌姑娘还喜欢扎叫做“毡裙”的腰带，多用自制的线和土布绣制。已婚妇女多穿窄袖对襟黑色上衣，下穿筒裙，裹绑腿。裙与裤成了区分女性婚否的标志。

梁河县阿昌族已婚妇女的头饰别具一格，青布包头高达1～2尺。传说古代有外族入侵阿昌族地区，阿昌族全民齐上阵，抗击敌人，眼看箭矢不足，危急时刻，一位妇女心生一计，用几丈长的布缠在头上，形成一个高高的箭垛，在界壕内诱敌射箭入“垛”，其他妇女纷纷响应，用同样方法得到许多箭矢，打败了来犯者。从此，高包头便成为女子勇敢聪慧的象征，在阿昌族妇女装扮中流行起来。

阿昌族佩饰的“阿昌刀”享有盛誉。“阿

昌刀”历史悠久，制作工艺精湛，一般在刀鞘上雕刻有十二生肖图案和各种精美图案。据说民间老艺人打制出的阿昌刀，极薄而又有韧性，甚至可以弯曲。阿昌族男子外出时几乎人人都要佩带长短不等的“阿昌刀”，既是生产、生活之需要，又可以起装饰和避邪护身的作用。

普米族

普米族是我国人口较少的民族之一。据2000年全国人口普查统计，我国普米族共有33，600人，主要生活在云南省。普米族有自己的语言，属汉藏语系藏缅语族羌支系，有一种符号文字。普米族原聚居在青藏高原，是生活在青海、甘肃和四川边界一带的游牧部落。后向水草丰茂地区迁徙。13世纪跟随忽必烈的蒙古军队进入云南，以后陆续在兰坪、丽江、淮西、永胜、宁蒗及四川木里和盐源等地定居下来。早期从事畜牧业，定居云南以后逐渐以农业为主。由于历史上的迁徙原因，普米族形成大分散、小集中的居住特点和典型的山地耕牧型生计的特征，在服饰文化上既保留了本民族的传统风格，也受到南方其他邻近民族文化的影响。

普米族妇女百褶裙

普米族男子多穿麻布右襟短上衣，下穿裤子，披白羊皮坎肩。有的外穿呢质或藏式氆氇长袍，扎腰带，扎裹腿，挂腰刀。因普米族信仰“东巴教”，传说中的东巴女神穿白色衣裙，骑白骡，饮清泉、喝牛羊奶，所以普米族崇尚白色，有以“白色”为善之习俗。普米族女子喜欢穿白色的大襟短上衣，下穿白色麻棉布制成的百褶裙。普米族女子的百褶裙长且宽，素有“三丈布一条裙”的说法。在宽松摇曳的百褶裙腰部裹上色彩斑斓的氆氇腰带，再披上洁白如雪的羊皮披肩，显得十分别致。女子梳长辫，把黑粗的发辫盘于头顶，并戴用牦牛尾毛做成的假发，发际装饰彩色丝绒和串珠，上面包裹黑色包头。普米族妇女心灵手巧，能织出各种纹路细密的布料和丰富多彩的图案，有铜壶纹、马头纹、剪刀纹、鱼纹、竹节纹和波浪纹等图案。

普米族有举行成年礼之习俗，俗称“成丁礼”。传说忽必烈攻打云南，路过川康边境时，有两位普米族人随军南下，虽然年纪小，但他们英勇善战，深得元世祖的赏识，死后普米族人民为纪念本民族英雄和教育后代，祝福儿童健康成长，便在儿童13岁时举行严肃的成丁礼仪式。成丁礼仪式上一个重要的事项就是由自己的父母或舅父母为他们换装，男童改穿上衣长裤，少女则换成短衣、百褶裙。

怒族

怒族是一个跨境而居的民族，也是一个人口较少的民族。据2000年全国人口普查统计，怒族人口28，759人，主要聚居在云南省怒江傈僳族自治州。大多居住在云南怒江两岸，主要从事山地农业，兼狩猎和采集。怒族有自己民族的语言，无文字。怒语属汉藏语系藏缅语族。

怒族服饰

怒族妇女善于织麻布，因而怒族男女服装多由麻布制成。贡山怒族男子多穿右衽长衫，下身穿长裤，成年男子外出佩挂砍刀、弩弓及箭包等饰物。贡山怒族妇女穿紧身麻布长衫，外套红色或深色坎肩，不穿裙，穿长裤，在裤外用“怒毯”围身，系腰带，用头巾包裹头部，头巾边沿饰以各色绒线。在两耳打孔，在孔中穿入精制竹管为饰，胸前佩带珠串。

福贡未婚女子多穿白色右衽，长度及膝，或披麻布长衫，外罩一件深红色或黑色紧身夹袄，下穿黑色百褶长裙。已婚女子喜欢在上衣、裙边处镶饰花边，一般已婚女子都要戴发箍，发箍上缀有贝壳、珊瑚、小铜玲等饰物。耳戴垂肩大铜环，胸前佩带大贝壳或珠料、珊瑚等珠串，体现了她们独特的风格。

德昂族

德昂族是我国人口较少的民族之一，据2000年全国人口普查统计，德昂族共有17,935人，主要聚居于云南省西南部德宏傣族景颇族自治州的潞西市的三台山德昂族民族乡、勐嘎镇、中山镇、法帕镇、西山乡等乡镇，以及德宏傣族景颇族自治州的梁河县、盈江县。其余散居于云南省的临沧、保山、思茅等地，是我国西南部具有悠久历史的少数民族之一。德昂族有自己民族的语言，属南亚语系孟高棉语族佤德昂语支。

德昂族因支系的不同，服饰也有所区别。德昂族男子一般穿蓝和黑色圆领大襟上衣，下身穿宽腿裤，包蓝或黑色包头。男女喜欢包头帕，以绒线球装饰。德昂族妇女服饰最具本民族特色，集中体现了德昂族的审美观念和文化心理。德昂族妇女一般穿藏青色或黑色对襟或斜襟短上衣，襟边镶两条直条红布，钉4～5副大方块银扣。在短上衣领边、襟前、前后衣摆，因支系、年龄不同而装饰许多色彩艳丽的绒线球和花边。下穿筒裙，腰系藤篾腰箍。

德昂族按其服饰特点分为“别列”、“梁”及“汝买”支系，又被称为“红崩龙”、“花崩龙”和“黑崩龙”。“别列”、“梁”支系的妇女多穿蓝、黑色对襟上衣，襟边缀一条红布，钉大方块银扣。剃发，裹黑布包头，包头两端后垂。戴耳环、银项圈。“别列”支系妇女的筒裙下脚横织着宽宽的红色线条。“梁”支系妇女的筒裙则由红、黑、蓝织成均匀、醒目、别致的线条。“汝买”支系妇女婚后蓄发、上衣同其他支系，但衣襟为斜襟。其筒裙用黑线织成，中间夹杂着红、白线条。三个支系的妇女均戴滕篾腰箍。

德昂族服饰

德昂族妇女的彩色横条纹裙子醒目而别致。关于这三种筒裙花色的来历，德昂族民间流传着这样的传说：远古时候，德昂族杀牛祭祀，三个姐妹帮忙按牛，被杀伤的牛在地上挣扎，牛尾上沾染的血甩在她们的裙子上。后来，她们便各自按照裙上血渍的位置和颜色深浅织制了新筒裙，从此流传至今。

德昂族的服饰中，最引人注目的是

妇女身上的腰箍和那鲜艳夺目的小绒球。姑娘成年后，都要在裙子的腰部佩戴数个甚至数十个腰箍。腰箍宽窄粗细不等，一般是漆成黑、红、黄、蓝色，上面刻有精美花纹图案。这一独特的习俗，是唐代德昂族先民——茫人部落以“藤篾缠腰”为饰习俗的延续。传说德昂族的祖先是从葫芦里出来的，女人们刚从葫芦里出来的时候，非凡无比，满天里飞。男人们为了拴住女人，就用藤篾编成圈将她们套住，女人们就再也飞不动了，只好安分守己地同男人生活在一起。

德昂族认为，姑娘身上佩戴的“腰箍”越多，做得越精致，越说明她聪明能干、心灵手巧。因此，成年妇女都佩戴腰箍并以此为荣。青年男女在恋爱期间，小伙子为了博得姑娘的爱，也往往费尽心机，精心制作刻有动植物图案花纹的藤篾腰箍，送给自己心爱的姑娘，于是腰箍又成了她们爱情的信物。

独龙族

独龙族是我国人口最少的民族之一，据2000年全国人口普查统计，只有7,426人。主要分布在云南省西北角的怒江傈僳族自治州、贡山独龙族怒族自治县。此外，相邻的维西县齐乐乡和西藏察隅县察瓦洛乡也有少量分布。独龙族有自己的语言，属汉藏语系藏缅语族景颇语支。

独龙族“独龙毯”

独龙族世代聚居于云南的独龙河两岸，北接西藏的察隅县，东倚高黎贡山，是滇、藏交汇的边界。这里山川险峻、瀑布飞溅、冰川雪峰、森林广袤，山顶与山脚的气温相差很大。又由于受印度洋海风的影响，雨量充沛。这样的自然地理环境，造就了丰富的资源。由于特殊的地理环境和交通闭塞，独龙族形成了长期在高度封闭、与世隔绝的状态中生活的特点。独龙族社会发展缓慢，至20世纪50年代初尚处于氏族公社解体阶段，生产力水平十分低下，以刀耕火种的农业为主，同时采集和渔猎占相当比重。

生活在深山峡谷中的独龙族人民具有勤劳勇敢和朴实无华的民族性格，其古老简朴的服饰也强烈地反映了他们粗犷豪放的气质和古朴原始的风貌。

历史上独龙族喜欢穿自织的条纹麻布衣，俗称“独龙毯”，日作衣、夜当被。现在他们普遍穿上了布衣装，但仍喜欢在衣外披挂“独龙毯”，下穿麻布长裤或短裤，系腰带。有的妇女头披大花毛巾，下穿长裙。

独龙族男女普遍喜欢佩带装饰品。男子腰间佩戴砍刀、弩弓和箭包；年轻姑娘佩戴串珠、胸链、耳环等饰品。颇具特色的饰物是，男女均喜欢用山中的藤条染色红藤作为手镯和腰圈，显得洒脱、大方，表现出古朴自如的山林风韵。

独龙族精于纺织，所织麻布线毯色彩协调，厚重质朴，具有鲜明的民族特色，不仅是本民族的衣着材料，也颇受怒江两岸各族人民的喜爱。

基诺族

基诺族是我国人口较少的民族之一，据2000年全国人口普查统计，基诺族共有33,600人，主要聚居于云南省西双版纳傣族自治州的基诺山一带。基诺族有自己的语言，属汉藏语系藏缅语族，没有本民族文字。基诺族是由普洱、墨江甚至更远的北方迁徙而来的。基诺族直到20世纪50年代初期，还处于以刀耕火种的山地农业经济为主的原始社会末期。这种原始的生活方式也折射在他们的服饰文化上，反映出其素雅古朴的独特风格。

基诺族服饰朴实大方，风格独特。基诺族男子穿麻布黑白花格对襟、无领、无扣的长袖短衣，长及小腹，内穿麻布衫。下穿白色或蓝色宽松短裤。在上衣的背后绣有一块红黑两色小方块图案，被称作“太阳花”图案。留短发，包黑布包头，一端缀彩色缨穗，戴单或双圆形耳环。不戴耳环时，在耳孔插一朵鲜花或茶叶的绿色嫩尖，肩挂有日月标徽和几何图纹的挂包。

女子穿以麻或棉布为原料的短上衣。上衣开襟，无领，长袖，内穿有一块用彩色花布或挑花布做的非常美丽的挡胸帕。两襟间还有一块兜形的镶“银泡”的胸帕，遮住前腹和下胸。上衣用条纹麻布间以黑、红、蓝、绿、黄花布拼接制成。衣袖用不同颜色的布拼接。短裙及膝，由一整块五颜六色拼布或条纹麻布制成，裙幅两头镶花边。膝盖以下箍着用黑布做成的腿套。最有特征的是头戴尖顶三角帽，这种帽子用五色条纹麻布对折而成，罩在头上，形如风帽，别具一格。这种尖顶帽传说由于像鸟的翅膀，是姑娘们模仿鸟的形状制作出来的。

基诺族服饰

基诺族服饰的独特之处在于他们的土布多用棉麻混纺，并以原色土布为衣料。这种纺织品当地人称“砍刀布”，它既不润滑、又无光泽，但却厚实耐用，是基诺族独特的衣料之一。

苗族

据2000年全国人口普查统计，我国共有苗族8,940,116人。苗族主要聚居于贵州省，其他分布于长江以南的湘、滇、渝、桂、鄂、川、粤等省(区、市)。苗族有自己民族的语言，属汉藏语系苗瑶语族苗语支，无文字。苗族是一个古老的民族，苗族的起源、迁徙及发展的轨迹，相当程度上靠苗族的歌谣、传说、工艺、美术进行反映，其中，千姿百态、绚丽多姿的苗族服饰蕴含着丰富的历史文化，因此，“苗服”被称为“穿在身上的史书”。

苗族服饰种类繁多，工艺精湛。男子一般上穿对襟上衣或右衽长衫，下穿长裤，系腰带，用青布包头。妇女服饰多姿多彩，多穿镶绣、织补交领大襟上衣，下穿宽腿裤或长短不一的绣花蜡染百褶裙，腰系绣花围腰。在衣襟、袖口、裤脚及裙子上镶绣花边。

苗族服饰以刺绣图案和各种花纹传递着苗族人民的审美情趣。苗族的刺绣以粗犷大方、色彩艳丽以及针法多样化而著称。如破线绣、织绣、缠绣等，用这些针法绣出的图案立体感强，犹如浮雕，几十年甚至上百年仍保持原有本色。刺绣的部位多在衣领、衣襟、双袖、两肩，以及转腰、裙边等，而居住在雷公山上的苗族妇女的盛装，整件上衣都绣满了各种图案花纹，素有“满件绣”之称。“苗绣”的独到之处除了它的针法外，其构图大胆和色彩搭配也具有显著的特点。“苗绣”的图案十分丰富，有动物、植物及几何纹等数十种。苗族妇女在服饰图案的构思中，大胆地运用夸张和变形的手法，通过艺术处理，颇富童稚般的幻想。她们把蝴蝶的翅膀装在鸟的身上，虎的身上出现鱼鳞，动物的腿长在背上。凡此种种，创造了各种不合理但又合乎情趣的艺术形象。

苗族妇女的服饰，以贵州黔东南地区台江的苗族女服最为华丽，那里的银饰盛装更是闻名遐迩。这里以台江的女盛装为例。台江女盛装包括两个部分：服装和银饰。服装中又包括绣花上衣、裙子、围裙、鞋、袜、手笼、裹腿和头巾等。

绣花上衣是盛装中最重要的部分。样式为大领、无扣，两个前衣片比后衣片稍长，衣长盖臀部，左右侧开衩。绣花部位主要是衣领、衣襟、衣肩、衣袖。衣领和衣襟相连，镶一条宽约5厘米的绣花或织花宽边。衣肩上缝一块与衣肩同长、宽约5厘米的花饰。袖的下半部镶一块长约25厘米、宽约18厘米的大花簇。许多精美的图案都在这块花饰上体现出来。一件衣服上的花饰镶好后，主要的部位都绣花，故有“花衣”之称。

“银衣”是苗族妇女盛装中最富丽堂皇的一种。它在“花衣”的基础上，在衣服的前片和后片的下半部镶边长10厘米的正方形银片。每片都刻有精美的花纹图案。两个前衣片各镶三排共9片。后片镶三排共15片。衣袖口系着银铃，下摆系着银蝴蝶和银铃数10个，衣的下半部看起来银光闪闪，气派十足，摇身一动，铃声阵阵，令人陶醉。

苗族服饰

绣花裙子。台江的绣花裙子有多种，革东一带的丝织绣花裙子比较有特色，它的特点是融打折、织花、绣花为一体，比较全面地体现了百褶裙的工艺。它将宽30厘米、长18米左右的藏青土布剪成等长的两段后，缝好作裙身底料。把一段同长同宽的丝织料缝在底料上。在底料的中部，横向挑绣一长1米多、宽10厘米的人骑马花纹图案。然后将9米长的裙料打折成1米多长的褶裙身并加缝腰布即成。裙的侧缝不缝合，穿时围在腰际，用两条细带拴结即可。这种褶裙用红、黄色丝料缝作裙身下部，色调鲜艳，线条明快。中部是黑地绣白色纹样，图案清新。整条裙子色彩新鲜。

绣花围裙是围在衣裙外的装饰。在台江一带，除革东的丝织绣花裙外，其他地方多为素裙或有很少的绣花。因此，穿盛装时，需要一张绣花围裙作装饰。绣花围裙的花饰长60厘米、宽25厘米，是盛装中花饰面积最大的一块。有绣花、挑花和织花三种。图案有龙及各种花草纹，在花饰的两边及上部各缝接土布一块，作为边和围裙头。有的在麻边留有长穗或者系有银饰，如银铃、银片、银蝴蝶等。

绣花鞋多在鞋帮绣各种花草纹。在穿鞋时，当地有一种习惯，不提鞋的后跟，目的是让绣花袜的花纹露出来。绣花袜是用手工缝制，有的纳成各种花纹，袜的后跟绣一块图案。绑腿是用木织机织出条纹的花带，长约6米，两端有丝穗，绑在小腿上，后留有3至4厘米长的丝穗垂吊而下。她们还常用绣花手笼。绣花手笼是用红或黑布作底，绣花草纹，缝成筒状，套在手腕处，带上手笼既可以把外露的手腕遮住，又可作为装饰。

苗族妇女不惜时间、呕心沥血、精心绣

制，盛装往往需要一两年时间才能缝好。苗族姑娘往往从六七岁起就开始学习服饰制作工艺，一件贴绣的上衣，仅是彩色片折叠的小三角就多达一万七千多个。一件绣衣是一个苗族姑娘一生所绣的精品，将一身服饰制作完毕，姑娘也到了出嫁的年龄。所以，每件盛装都凝聚了她们的聪明和智慧。

当地流传着“无花无银不成姑娘”之俗语。花是指花衣，银是指银饰。台江妇女把漂亮的服装与华丽的银饰统一起来。银饰佩戴的部位大概有三个：头部、胸颈部、手部。胸和颈部的银饰最具特色且复杂。头部的银饰因地而异，多达十几种，有银角、银头花、银梳、银簪、马牌、银雀、银耳柱、银耳环等，大约6斤重。胸颈部有猴练、扭丝项圈、六方项圈、雕龙项圈、响铃项圈、月牌、戒指项圈等。手部的银饰主要有银手镯、银戒指。手镯有梅花手镯、龙头手镯、蜈蚣手镯、空心手镯、竹节手镯、扁手镯等十几种。戒指有马鞍戒指、四方戒指、四连环戒指等。这些银饰重达十多斤。这些银饰佩戴在妇女身上，银光灿灿、丁当作响，十分壮观。银饰品中还有各种银蝴蝶，挂在衣角下摆，在银角、银牌上都刻有蝴蝶花纹，寓意苗族人民对其祖先蝴蝶妈妈的崇拜，具有深刻的民俗文化内涵。

苗族普遍使用蜡染。苗族的服饰美主要通过蜡染、挑花、纺织、刺绣和银饰等工艺表现出来。苗族服装使用蜡染十分普遍，衣、裙、围腰以及其他棉织生活用品，几乎都有蜡染制品。其蜡染图案各地不同，贵州安顺一带多用几何图形，精工细作；而丹寨的蜡染多以变形的花鸟鱼虫为主体，显得既抽象而又不失真。近代还发展为彩色蜡染，驰名中外。

布依族

布依族是我国西南地区一个古老的少数民族，据2000年全国人口普查统计，我国有布依族2,971,460人，主要聚居于黔南、黔西南两个布依族苗族自治州，以及贵州省安顺地区的关岭、镇宁布依族苗族自治县，紫云苗族布依族自治县等地。布依族有自己的语言，属汉藏语系壮侗语族壮傣语支。布依族是我国古越人的后裔，自古以来就居住在我国气候温和、山川秀丽的南北盘江、红水河流域。早在新石器时代，布依族就进入了农耕社会，至今仍从事农业，其服饰鲜明地反映了温带气候和农耕经济文化特色。

布依族服饰面料多为自织自染的土布，有白土布，也有色织布。色织布多为格子、条纹、梅花、辣子花、花椒、鱼刺等图案，多达两百多种。服饰色彩多为青蓝色底上配以多色花纹，有红、黄、蓝、白色等，既庄重大方，又新颖别致。反映了他们淳朴善良、温和热情的性格。布依族服饰的制作集蜡染、扎染、挑花、织锦、刺绣等多种工艺技术于一身，反映了他们独有的审美特征。除了同南方诸民族一样使用蓝靛染布以外，布依族还采用了古老的扎染技术，把织好的白布折叠成各种图案，用麻线扎好进行浸染、漂洗，最后成为蓝底白花的各种图案。

布依族男子多穿蓝、青、白色对襟短衣或右衽长衫，下穿长裤，包青色或格子布头帕。布依族妇女服饰各地稍显不同，或穿大襟、无扣短衣，领口、袖口、襟边、衣摆镶有织锦和蜡染图案，下穿蜡染百褶长裙，腰系蜡染花纹围腰，包青黑色包头；或穿青色斜襟紧身短上衣，腰窄摆宽，襟边、袖口、衣摆镶绣花边，下穿长及脚背的蜡染百褶裙，腰系绣花围腰；或穿斜襟窄袖短上衣，挂绣花围腰，下穿镶边宽腿裤。脚穿绣花鞋，头戴花帕。

布依族服饰

布依族服饰也反映了其传统文化心态及生活习俗和宗教信仰。关于布依族妇女的花围腰就流传着许多故事，如传说从前有个土官欺负布依族人，故意刁难，让他们送一盘“金丝炒铜片”，把月亮摘下来放在天井里，做不到就上贡加税。布依族聪明美丽的姑娘棉妹用萝卜炒牛干巴做成“金丝炒铜片”，并让盆里的清水倒映月亮邀土官欣赏。虽然过了这一关，土官又生歹计，让他们三天之内，搓一根从月亮桫椤树连到官府门前的长长的绳子。棉妹机智应对，让土官先量好从天到地的距离，又一次战胜了刁蛮的土官。土官为了蒙住棉妹聪明的心，心生毒计，让魔公画了咒符，做成花样，企图让姑娘绣在围腰上，达到蒙住姑娘心眼的目的。聪慧的棉妹姑娘识破了土官的阴谋，将咒符绣在鞋帮上，每走一步咒符反射到土官的身上，彻底战胜了邪恶。从此，布依族的姑娘们喜欢把吉祥的金银花绣在围裙上，起到护心保魂的作用。每逢节日，布依族妇女把自己精心制作的服饰展示出来，作为美的比赛。男女青年表示爱情时，姑娘们常用自织的布匹和衣服、手帕、鞋等作为信物。在布依族的婚姻中存有“不落夫家”之俗。姑娘必须通过“戴假壳”仪式才标志正式婚姻开始。“假壳”是一种帽子，形似簸箕，以竹笋壳为架，用青布结扎而成，戴时再加一块花帕子。故布依族已婚妇女有戴“假壳”的习俗。

侗族

侗族是我国南方历史悠久的稻作民族，据2000年全国人口普查统计，我国有侗族2,960,293人。侗族主要分布在湘、黔、桂三省毗邻地区。侗寨依山傍水，风光宜人。侗族人民长期经营农业，兼营林业。侗族有本民族语言，属于汉藏语系壮侗语族侗水语支。

侗族是一个历史悠久的民族，源于古代“百越”族系。侗族擅长纺织、刺绣。他们自纺自染的“侗布”是侗家男女最喜爱的衣料。侗族织的布有粗纱、细纱之分，用粗纱织成斜纹状的布多用做棉衣里子；用细纱织成的平布分两种，织成套格方形图案的叫“双堂布”，织成网纹的布叫“棉给”。“侗布”就是用织好的这两种布经蓝靛、白酒、牛皮汁、鸡蛋清等混合成的染液反复浸染、蒸晒、槌打而成。由于其制作工艺复杂，“侗布”非常珍贵。侗族多用侗布为衣料，细布、绸缎多做配饰；喜欢青、紫、黑、蓝、白、浅蓝色。

侗族男子多穿对襟、窄袖上衣或无领、右衽上衣，下穿宽裆宽腿的裤子，头包长一丈余的头巾，呈盘状。广西三江、湖南通道等地的侗族男子在节假日的民间活动“芦笙踩堂”中，喜欢穿百鸟衣，其样式是在衣襟、肩围、臂端、袖口、前胸、后背甚至前后整个下半身，均以侗锦镶饰，在衣服下摆处钉上一圈绣花小绶带，十二到十五条不等，绕身一周。每条绶带下端吊三簇串珠羽毛，形成三层三圈白花珠帘裙，串珠闪光，羽绒飘柔，显得轻盈活泼。

侗族妇女服饰因地区不同而种类繁多，侗族妇女多穿右衽大襟上衣，或长或短，或紧或松、无领或矮领，钉一至三颗不等的银质纽扣。在肘部、袖口另配颜色。下穿宽腿宽窄不同的裤子。发式有挽发盘顶式、挽发偏髻式及挽发刘海式等。头帕大小不等，有三角式、对角式和披巾式，有花色、花格和两端织锦。

侗族服饰

侗族善于刺绣。侗族姑娘从少女时代就开始学挑花、刺绣、制作蜡染等手工技艺，为自己准备今后结婚用的嫁妆。等到结婚时，已成为一个能刻绘精美花纹图案、能做各式衣服且技艺娴熟的姑娘。她们喜欢在衣服上，尤其是盛装上，以挑花刺绣和织锦装饰。侗族刺绣种类繁多，有连环锁绣、铺绒绣、结子绣、错针绣、盘绣等。绣工精湛，图案常以“螃蟹”和“龙凤”为主。尤以盛装的百鸟衣最富特色，其裙片由若干织锦花带组成，每条花带下缀羽毛装饰。

据说侗族模仿孔雀制衣。传说侗族先民们沿着都柳江上游来到高安河口和南江河一带定居，这里是一片森林，青山绿水、野花盛开、百鸟飞啭、孔雀开屏起舞。他们认为百鸟中孔雀最美，于是模仿孔雀的式样制作衣装。这种古朴的装束便一代代流传至今。

侗族的挑花鞋垫千姿百态，堪称挑绣艺苑中的奇葩。侗族姑娘常以此作为珍贵的礼物送给自己的情人或贵客。

侗族妇女喜爱银饰，以多为美，以重为贵。日常生活便装的首饰主要有头簪、银梳、耳坏、手镯等。节日和结婚时的盛装，首饰则品种繁多，形大质重，造型精美。头戴银冠、银花、簪花、银梳以及各种造型的大耳环，颈有戴项圈、项链，胸前佩银牌、胸花，臂套银块，戴银镯、银戒指等。侗族婚姻有“不落夫家”（婚后一段时间仍生活在娘家）之习俗，反映在服饰上，侗族姑娘在出嫁时，父母一般不给嫁妆，待生育后，娘家送给外孙银帽、项圈、银锁、手圈等，上嵌“长命富贵”、“易养成人”等字样。

水族

水族是我国西南地区一个历史悠久的稻作民族。据2000年全国人口普查统计，水族共有406,902人，主要居住在云贵高原东南部的苗岭山脉以南、都柳江和龙江上游。水族源于古代“百越”族系，经济以农耕稻作为主。水族有自己的语言文字，水语属于汉藏语系壮侗语族侗水语支。水族的古老文字，汉族多称“水书”。

水族服饰

水族男子以前穿对襟长衫，戴马尾帽。现多穿蓝色大襟长衫，下穿长裤，以青布包头，脚穿草鞋或布鞋。水族妇女过去曾穿对襟、无领、阔袖、银扣短上衣，下穿长裙，扎绑腿，穿翘尖绣花鞋。现穿蓝色圆领、大襟长衫，阔袖，下穿长裤，腰系青色绣花围腰，头缠青布或白布头帕，脚穿绣花鞋，节假日喜戴各种首饰。水族服饰总体呈现淡雅清丽、简洁大方的风格。

水族妇女擅长刺绣。传说很早以前，水族人民居住的地方山高林密、杂草丛生、毒蛇为患。一个名叫秀的水族姑娘，用彩色丝线在衣领、袖口、襟边、裤脚上绣上一条条红红绿绿的花边，又在鞋上绣上一些花草。她穿上这身衣裤和鞋子，独自去深山密林中砍柴，果然毒蛇见了她就逃走了。此后，水族妇女都要在衣服和鞋子上刺绣各种美丽的花边。

水族的纺织和印染技术有相当高的水平。百余年前就已闻名远近的“水家布”，纱质细，织工精细均匀，染色深透，耐洗不褪色。除平纹布外，他们还能织出“人字纹”、“斜纹”、“花椒纹”和“方格纹”等多种纹样。

水族人民独特的“豆浆印染”技艺，相传已有七百年的历史。他们先将硬纸板镂成各种花鸟及几何图案，然后将模板平铺于白布之上，再刷上特制的黄豆浆。待豆浆干透后即浸入靛液缸中浸染，最后洗净晒干刮去豆浆，即呈现出蓝底或青底白花图案。

仡佬族

仡佬族是云贵高原中部的一个古老的民族，据2000年全国人口普查统计，我国有仡佬族579，357人，大部分散居在贵州省的西北、西南和北部。少数分布在广西壮族自治区隆林各族自治县和云南省文山壮族苗族自治州的广南、马关、富宁等县。仡佬族有自己民族的语言，属汉藏语系，语族未定。无文字。仡佬族只有极少数人还会说仡佬语，不少人还会讲苗语、彝语或布衣语等，普遍使用汉文。

仡佬族服饰

仡佬族人生活的地区，大多数在云贵高原向四川盆地过渡的斜坡地带。那里地形复杂，气候潮湿。仡佬族人的经济生活以农业为主。仡佬族人的传统服饰很有特色，男女都穿筒裙，裙料由染色羊毛和麻编织而成。女子上穿齐腰短上衣，绣着鳞状花纹，下身穿无褶长筒裙，以青、红、白三色分为三段，外罩青色贯头长袍。这种袍是用一块青色的整布制成的，中间挖出一个洞作为领口，无袖、前长后短，穿袍子时从头顶套下，袍面上绣有花纹。头缠青布长头帕，脚穿钩尖鞋。男子的服装多为对襟短衣，头缠青布或白布长头帕。

第四章

中南、东南地区少数民族服饰

壮族

壮族是我国南方地区一个古老的民族，据2000年我国人口普查统计，全国共有壮族16，178,811人，仅次于汉族人口，居第二位。主要聚居于广西壮族自治区，其他分布于云南、广东、贵州等省、市、自治区。壮族有自己的语言文字，壮语属于汉藏语系壮侗语族壮泰语支。壮族是个传统的农业民族，纺织、印染手工业历史悠久。早在汉代，壮族的先民就已能织细麻布。以棉线为经、五色绒线为纬织成的壮锦，更是工艺精湛，名扬四海，明代即已作为皇室规定的贡品。壮族服饰中的头巾、腰带、围裙、胸兜、绑带、绣花鞋等都经过精心地织、染、绣、缝，本身就是一件艺术品。

壮族服饰

壮族男子一般穿对襟或右襟上衣，下穿宽腿长裤，系腰带，还有的裹绑腿，缠青、白色包头。女子服饰颇具特色且种类繁多，大体上分为三类："土僚"支系妇女上穿青或黑色圆领斜襟短上衣，胸腹绣方块花巾，下穿长裙，袖口、裙边以白色布条滚边，束发裹黑色头帕。"沙人"支系妇女上穿白色、圆领斜襟宽衣，领边、袖肘以黑色布镶宽边，下穿宽腿裤或裙，裹黑色头帕。"浓人"支系妇女上穿黑色短衣，下穿细褶筒裙，衣角、袖口均镶绣花边图案，精美细致，挽发髻、插簪，裹以黑头帕，其上再覆以小方巾，小方巾上花纹讲究，脚穿绣花鞋。

壮族各支系妇女喜戴银饰。银饰主要

有银簪、银梳、耳环、项圈、项链、胸排、手镯、戒指、脚环等。不仅种类、式样多，而且造型图案、制作工艺均具有浓郁的民族特色。除了一般的打制、雕刻方法外，胸饰、胸排、项圈、脚环上的花纹还多采用浮雕、透雕和圆雕的方法，使银饰颇具立体感。

壮族男女结婚的时候，有伴郎抢伴娘手镯的习俗。壮族姑娘们的手镯，除了装饰意义外，还是爱情的象征。桂西一些地方，新婚之夜，伴郎可以抢伴娘的手镯，作为爱情的信物。在桂西和桂北壮族聚居区的歌圩和婚宴上，青年们常通过对唱山歌来寻觅对象。情投意合的话，小伙子就可以去抢姑娘手上的戒指或手镯作为信物。姑娘如同意，往往半推半就，任其抢去；如无意，则必须抢回自己的饰物。农村中的壮族姑娘个个都是绣花纳鞋的能手，在三月三歌圩上，桂西一带的姑娘都是用赠送布鞋来表示爱情。壮族男女青年经过若干次山歌对唱，圩日约会后，男方便可选择适当时机，要求女方做一双布鞋作为定情信物。

壮族也把文身作为一种装饰。过去壮族的图腾崇拜十分普遍，如蛙、鳄、牛等动物图腾，太阳、月亮等天象图腾，榕树、木棉等植物图腾等。人们将其形象刻画在额头、手腕或胸脯上。随着时代的变迁和图腾观念的淡漠，文身逐渐变成了一种装饰，变成了服饰的补充和延伸。后来服装上的镶边等装饰，实际上是文身的延续和变态存在。文身的颜色多为青黑色，与服饰的颜色一致，表现了壮族祖先以黑为美、为贵的审美观念和价值观。至今，壮族人民仍然崇尚蓝黑色。

瑶族

据2000年全国人口普查统计，我国有瑶族2，637，421人。主要分布在广西、湖南、云南、广东、贵州、江西等地。瑶族有本民族语言，属于汉藏语系苗瑶语族，无文字。瑶族历史悠久，大部分散居在海拔1000以上的高山和密林中，早期过着游耕生活，现在以农业为主。绚丽多彩是瑶族服饰的鲜明特点。

瑶族服饰

瑶族支系众多，分布广阔，各支系服饰也不尽相同。所以，过去瑶族曾因服饰的颜色、裤子的式样、头饰的装扮不同而有各种族称。广西南丹瑶族男子穿交领上衣，下穿白色大裆紧腿齐膝短裤，因而有“白裤瑶”之称。龙胜的瑶族由于穿红色绣花衣而有“红瑶”之称。这从一个侧面反映了瑶族服饰的色彩、款式之丰富。

瑶族头饰颇具特色，她们创造了多姿

多彩的头饰：有“龙盘”形、“A”字形、“月牙形”、“飞燕”形等。有的戴竹箭，有的竖顶板，有的戴尖帽，有的戴竹壳。广西贺县的瑶族妇女戴十多层的塔形帽子，颇为壮观。湖南瑶族女子以蜂蜡涂发，椎髻于顶，无论寒暑，均以花帕包裹呈梯形，用蛾冠形的斗篷罩在上面，避风遮阳，清秀大方，犹如“学士帽”，又似宫妃绣冠。婚后则取下蛾冠，表示已成家立业，开始新的生活。

瑶族妇女精于蓝靛印染，至今仍保留着一套完整的印染技术。她们将自己种植的蓝草经过浸泡加工后，提取蓝靛，加入白酒，经草木灰过滤、发酵呈黄色后便可染布。在染布过程中经过数次浸染、晾干，直到布料呈深蓝带暗红色为止。为了使布坚韧耐用、颜色深重，还把已染好的布放入炖缩的牛皮溶液或猪血溶液里，进行蒸晒。

瑶族服饰美还集中地反映在挑花的构图上。挑花图案以及服饰的特征在某种程度上是宗教信仰的反映。广西西林县瑶族保留着一件已有数百年的“师公”服饰，上面绣有许多天神、山神、雷神、日神等，表达了瑶族人民泛图腾的心理特征。

瑶族在很早的时候就有了抽象的文化意识。南丹瑶族男子白色裤上的五条垂直红线，相传是瑶族祖先为了捍卫民族尊严而带伤奋战的十指血痕。女子所穿的无袖、无扣、贯头褂衣，两侧不缝合，仅将前后襟底边相连，下穿蜡染裙，背饰花背牌。其上的方形图案，传说是当年被土官夺走的瑶王印章的模样，绣在衣上以示纪念，同时也是他们氏族图腾的标志。

仫佬族

仫佬族是我国人口较少的一个山地民族，据2000年全国人口普查统计，仫佬族人口为207,352人。仫佬族绝大多数居住在广西罗城仫佬族自治县。其余散居在忻城、宜山、柳城、都安、环江、河池等县境内，与壮、汉、瑶、苗、侗、毛南、水等族杂居。仫佬族有自己民族的语言，属于汉藏语系壮侗语族侗水语支。仫佬语与毛难语、侗语、水语相近，大多数人兼通汉语，部分人还会说壮语，通用汉字。仫佬族历史悠久，为百越支系骆越后裔。仫佬族信奉道教，有的信佛教。仫佬族以稻作农业生产为主。

仫佬族服饰

仫佬族喜欢采用自纺、自织、自染的土布做衣装，服色尚青，衣着俭朴。男子穿对襟上衣，老者穿琵琶襟上衣，下穿宽腿长裤。仫佬族妇女过去穿绣花筒裙，现在穿大襟上衣、衣领和袖口处镶三道布边，下穿长裤，系青色绣花围裙。梳辫结髻，饰以耳环、手镯、戒指、项链、银簪、银响铃等。老年妇女裹青布包头。在家跣足，外出穿草鞋。现在服饰已与附近汉、壮族及其他民族相近。

仫佬族还善于用蓝靛、米汤、薯莨和牛皮胶糊面等染制一种称为“亮布”的布料，深受人们的喜欢，是姑娘们的定情之物、“送嫁衣”不可或缺的面料，也是老人们“防老衣”的必选材料。

毛南族

毛南族是我国人口较少的民族之一。据2000年全国人口普查统计，毛南族有107，166人。主要分布在广西壮族自治区环江、河池、南丹、都安等地的山区，是一个传统的农业民族。毛南族历史悠久，其族源可追溯到古代的越人。毛南族有自己民族的语言，属于汉藏语系壮侗语族侗水语支，无文字。

毛南族崇尚青色，其服饰朴素实用。毛南族过去几乎家家都有木纱车和织布机。自种蓝靛草，自纺、自织、自染土布，以制作各种衣饰。毛南族姑娘从小就要学习纺线织布，织布技术的高低、织成布匹的多少，成为衡量她们智慧和才干的标准。毛南族男子多穿青色或蓝色、右襟或对襟上衣，上衣钉五颗亮晶晶的铜纽扣，下穿宽腿裤，头缠黑头巾。妇女喜欢穿高领、右衽、紧身上衣，沿衣领、衣襟和袖口镶有三道宽窄不同的黑色花边。常服用布条镶宽边，盛装以丝线镶细边。下穿长裤，裤脚同样镶三道黑色花边。腰系黑底上绣有简单花纹的围裙。

毛南族姑娘梳辫，已婚妇女挽发髻于顶，上包头巾，盛装时特意露出发顶，插饰各种漂亮的银簪、银梳和玉簪。佩戴银耳环、银手镯、银戒指等饰物。

毛南族的手工产品“花竹帽”，最具特色，亦是他们服饰中的一个亮点。“花竹帽”制作精良，美观实用，深受大家的喜爱。帽的直径一般为70厘米，分里外两层。做一顶帽子大约需要700多根细竹篾。首先在外层面上刷漆，这样既不透光、不渗水，又结实耐用。帽的里层用黑、黄二色竹篾编成各种几何图形的花纹图案。在帽圈处用各种色彩艳丽的彩带和珠料作装饰。据说“花竹帽”能给青年男女带来爱情好运，所以已成为男女情爱的信物。

毛南族的“花竹帽”

传说在一百多年前，有一个小伙子戴着他父亲制作的“花竹帽”去赶歌圩，被一位美丽、善良的姑娘看中，他便把花竹帽送给姑娘作为定情物，后来，姑娘、小伙子们纷纷效仿，“花竹帽”便成了男女爱情的信物。每当歌圩时，小伙子们总要戴着“花竹帽”去赶歌圩，如果看中了哪个姑娘，就把“花竹帽”送给她，姑娘如有意，她就会欣然接受。

京族

京族是我国临海而居的人口较少的民族，据2000年全国人口普查统计，我国共有京族22，517人，主要聚居于广西壮族自治区的防城港市。其中，东兴市江平镇的巫头、万尾、山心三岛，被称为“京族三岛”。过去曾称越族，其先民是从15世纪开始陆续由越南涂山等地迁入我国的。京族是一个主要从事渔业捕捞的民族，京族有自己民族的语言。

京族服饰

京族的传统服饰以衣裤型短装为主，既简洁素雅，又适宜水上作业的生活。男子穿长至膝盖的窄袖袒胸上衣，长而宽的长裤，腰间系腰带。妇女上身内戴一块菱形遮胸布，外穿紧身、窄袖、圆领对襟上衣，下穿长而肥的黑色或褐色长裤。

京族具有悠久的栽桑养蚕历史和高超的缫丝织布技术，过去，大部分丝绸面料都是靠自织自足的。京族服饰的面料因家境而异，主要为丝绸、香云纱和棉布，颜色以黑、白和薯莨染成的红褐色为主。

京族妇女的传统发饰为“砧板髻”，即将头发从正中平分，两边留着“落水”，结辫于后，用黑布或黑丝线缠着，再盘结于头顶之上。还喜欢佩戴耳环和圆而尖的“竹笠”，这种“竹笠”是京族妇女利用本地盛产的竹子编织而成，是京族服饰的一个鲜明标志。

土家族

土家族世居于湘鄂川黔毗邻的高山峻岭之中，是一个具有悠久历史和文化积淀的民族。他们自称“毕兹卡”、“密基卡”、“贝锦卡”等，意思为“本地人”或“土生土长人”。据2000年全国人口普查统计，土家族人口约8,028,133人。主要分布在湖南省湘西土家族苗族自治州，湖北省鄂西土家族苗族自治州，重庆的酉阳、秀山、黔江、彭水、石柱以及贵州的沿江、印江、思南、铜仁等县。土家族是由古代巴人经过长期的发展，与汉族和其他民族融合演变而来的。土家族有自己的语言，属于汉藏语系藏缅语族。

土家族是一个精于纺织刺绣的民族。早在秦汉时代，土家族的先民就已能织成一种精细的布。《华阳国志》称这种布为“兰干细布”，说它“织成文如绫锦”。唐代又称其为“溪峒布”。“溪峒布”工艺已十分精湛，古代文人描绘它“绩五色线为方，文采斑斓可观。俗用为被或衣裙，或作巾，故又称峒布”。宋代以后，土家族的纺织技术日益发达，除了一般的土布外，用丝经棉纬织造的色彩绚丽、工艺精巧的织锦——“西兰卡普”，已逐渐享誉天下。

民间相传“西兰卡普”为一位名叫“西兰”的土家姑娘首创。西兰是一位聪慧灵巧、善于织彩锦的姑娘。她织出的彩锦图案艳丽、花色逼真，因而远近闻名。为了织出白果花的逼真形态，常常半夜出去观察只在深夜开花的白果花。结果，被嫉妒她手艺的嫂子诬告她深夜外出与人有私情，其父亲信以为真，认为败坏了门风，用拐杖打死了西兰姑娘。后人为了怀念西兰姑娘，继承了她的织彩手艺，并称土家族织锦为“西兰卡普”。西兰卡普用蓝、红、黑、白等色棉线为经，各种色彩的丝、棉、毛线为纬，采用挖花工艺手工挑织而成。其色泽艳丽、结构饱满，富有立体感。“西兰卡普”有很多精美的图案，传统图案多达二三百种。多取材于土家族的日常生活，如虎豹、鹿的斑纹，锦鸡的彩羽、云彩的云钩、水波的曲钩、双凤朝阳、喜鹊闹梅、蝴蝶扑牡丹，摆手舞、湘西情等图案。“西兰卡普”十分注重色彩的对比与反衬，强调一

土家族服饰

种艳而不俗、清新明快和安定、调和的艺术效果，体现了土家族豪放、粗犷、大方的民族性格。编织“西兰卡普”是土家族姑娘必具的本领，而“西兰卡普”又是土家族姑娘必备的嫁妆。“西兰卡普”也是土家族服饰的重要材料。

日常生活中的土家族服饰比较简单大方，逢喜庆节假日时，则非常讲究。男子多穿黑色或蓝色的对襟、多扣上衣，下穿宽松长裤，包青布头巾。土家族妇女喜欢穿左襟或右襟、圆领、宽袖上衣，下穿大角筒裤。衣襟、袖口、衣摆处镶饰各种图案的花边或挑绣精美的花纹，下穿用8幅布料缝制的筒裙或红色百褶裙，摆大且长，多用青色和黑色布镶宽边，裙身镶绣有各种图案和花纹，尤其是姑娘们的衣裙，就像一幅幅风格各异、精美绝伦的画。再佩戴上最珍贵的金银首饰，金针银簪缀满头，一个个宛若仙女下凡，充分反映了土家族人民的勤劳智慧和浓郁的民族特点。

土家族服饰

黎族

据2000年全国人口普查统计，我国有黎族1，247，814人，主要聚居于我国海南省的保亭、昌江、白沙、陵水、乐东、东方及琼中7个黎族自治县和三亚、五指山市。其他分布于海南省及广西、广东、贵州等地。黎族有自己民族的语言，属于汉藏语系壮侗语族黎语支。黎族是海南岛最早的居民。

黎族服装一般都用自织自染的土布制作，由于地处亚热带和热带，长夏无冬，其服装无严格的季节之分，但因支系不同差别明显。男子多穿无领、对襟上衣，系腰带、下穿长裤。妇女穿黑、蓝色圆领和无领、无扣对襟上衣或贯头式上衣，下穿筒裙。头发挽髻于脑后，上插头簪，戴绣花头巾或包头帕。喜戴耳环、项圈及银牌等首饰。

海南岛上的黎族妇女擅长纺织生产，他们很早就懂得利用棉花纺纱织成有纹彩的贡品，称为“织贝”。到了宋代，黎族的纺织业尤其是棉纺织技术就已优于中原。他们利用轧花机、弹棉机、脚踏纺车等纺织工具，织出色彩斑斓的黎锦、黎单、黎幕、崖州被、筒裙、花带、花头巾等衣物。这些纺织品质地细腻、色泽艳丽，被列为朝廷贡品。色彩斑斓的筒裙面料同样是心灵手巧的黎族妇女的杰作。黎族的筒裙有长、中、短三种形式，因支系不同筒裙图案亦不同。如侾黎的裙身有图案，多以三角形组合成龟纹，黑底上绣深红色为主，淡黄色、白色夹绣。海南通什的女筒裙多织螃蟹纹，黑底上绣深红色花纹；海南的东方、昌江等地的黎族妇女筒裙以几何图形组成人鹿纹，人首用菱形纹，鹿角使用三形纹。构图时人纹居中，两边对称为鹿纹，形象逼真，色彩和谐。

黎族妇女服饰的图案花纹寓意深刻，最多见的是人纹和人祖纹。其周围的花草象征着部落的繁衍，两边的神台和兽足印纹，象征着祭祖习俗及世代狩猎的生活。这种以祖先崇拜为特点的祭祖图案，反映了黎族人民对祖先崇敬的审美心理。他们运用直线、平行线、方形、三角形、菱形等几何形纹饰，把人、龙、马、

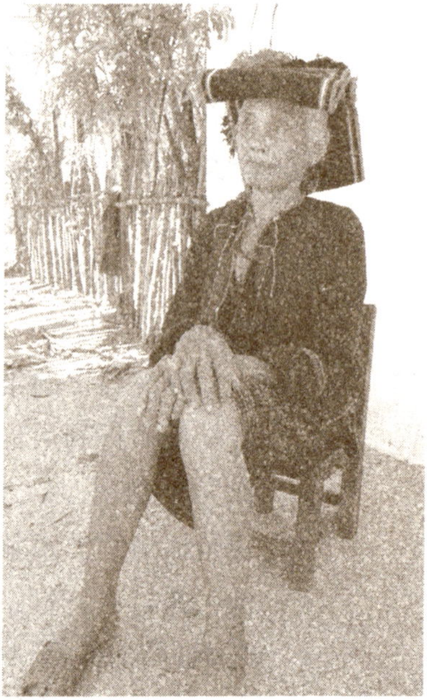

黎族服饰

鹿、斑鸠、蛙、蛇、花草等上百种动植物图案，抽象地在服饰上表现出来。姑娘们在出嫁前，必须亲手织出最精美的新娘礼服，以显示她们的聪明才智和勤劳善良，同时也寄托着她们对大自然的热爱和对美好生活的向往。

畲族

据2000年全国人口普查统计，畲族人口为709，592人。畲族主要聚居于我国东南部的福建和浙江两省。其中，近80%以上居住在福建、浙江广大山区。其他分布在江西、广东、安徽省境内。畲族使用畲语，属于汉藏语系苗瑶语族。99%的畲族使用接近于汉语客家方言的语言，但在语音上与客家话稍有差别，有少数词语跟客家语完全不同。无本民族文字，通用汉文。

畲族的民族来源说法不一，有人主张畲瑶同源于汉晋时代长沙的“武陵蛮”（又称“五溪蛮”），持此说者比较普遍。隋唐之际，畲族就已居住在闽、粤、赣三省交界的山区。宋代才陆续向闽中、闽北一带迁徙。约在明、清时始大量出现于闽东、浙南等地的山区。江西东北部的畲族原住广东潮州府凤凰山，后迁福建汀州府宁化县居住。大约在宋元之后至明代中叶以前迁到赣东北居住。安徽的畲族约在100年前从浙江的兰溪、桐庐、淳安等县迁来。各地畲族都以广东潮州凤凰山为其民族发祥地，传说他们的始祖盘瓠就葬在这里，并认为妇女的头饰扮成凤凰形式，就是为了纪念他们的始祖。

在畲族中，广泛流传着属于原始社会图腾崇拜性质的盘瓠传说。传说他们的始祖盘瓠因为帮助皇帝平息了外患，得以娶其三公主为妻，婚后迁居深山，生下三男一女，长子姓盘，次子姓蓝，三子姓雷，女婿姓钟，子孙逐渐繁衍成为畲族。这个传说不但家喻户晓，而且载入族谱，绘成连环式画像，称为“祖图”，在节日里悬挂出来举行隆重的祭祖仪式，祀奉时族民非常虔诚。每一家族有一根祖杖，祖杖雕刻作龙头，这也是畲族图腾的主要标志。畲族居民现在仍以蓝、雷、钟为主要姓氏。

畲族“凤凰装”

畲族服装崇尚青蓝色，衣料多为自织的麻布。畲族男子多穿青色无领、大襟短上衣，下穿长裤。而闽东、浙南的部分畲族妇女，多穿青色或蓝色大襟衫，衣领、袖口和襟边多镶绣花边图案，有的束彩腰带，有穿短裤裹绑腿的习惯。

畲族的传统服饰，斑斓绚丽，丰富多彩。畲族妇女的服饰别具风格，其中以“凤凰装”最具特色。关于“凤凰装”，民间有这样的传说：畲族的始祖盘瓠王因平番有功，高辛帝把自己的三公主嫁给他。成婚时帝后给女儿戴上凤冠，穿上镶着珠宝的凤衣，祝福她生活像凤凰一样富丽华贵。三公主有了儿女后，也把女儿打扮得像凤凰一样。当女儿出嫁时，凤凰从广东的凤凰山衔来“凤凰装”送给她做嫁衣。从此，畲族妇女便穿“凤凰装”，以示吉祥如意。

畲族妇女的“凤凰装”喜爱将红头绳扎的头髻，高高盘在头上，象征着凤髻；在衣裳、围裙上刺绣各种彩色花边，多是大红、桃红夹着黄色的花纹，镶绣着金丝银线，象征着凤凰的颈、腰和美丽的羽毛；后腰随风飘动的金黄色腰带，象征着凤凰的尾巴；周身悬挂着丁当作响的银器，象征着凤凰的鸣啭。

闽东畲族妇女发式称为“凤头髻”。少女喜用红色绒线与头发缠在一起，编成一条长辫子盘在头上。已婚妇女将长发拢于脑后卷成两股，套上一支竹木或铁丝制成的细长发饰，将两股头发高叉缠绕着发饰，固定在头顶，再缠以红毛线，呈高突状。中老年妇女用蓝色或黑色毛线缠绕。闽东畲族妇女的“凤凰装”，上衣为黑色交领大襟式，两旁开深衩，后裾长于前裾。通身无扣，在右衽襟角有2条白色、红色或蓝色系带。领口、两襟及袖端饰以花边，领襟花色繁复，以红、黄、蓝、绿、黑五色绣成各种花纹。有的绣花延至肩部和胸部。佩戴围兜，俗称“拦腰”。多为黑色，也有水绿，兜身有褶，兜面绣花。下穿黑色短裤、短裙或长裤。穿短裤、短裙时，要打绑腿，绑腿为黑、红二色，有黑、白、红三色相配。绑腿末端有红色璎络，垂于小腿上，脚穿绣花鞋。穿花鞋是畲族妇女“凤凰装”的整套打扮的重要一环，体现了畲族的传统衣着文化和宗教信仰感情，也是识别畲族的一种标志。畲族妇女再佩戴上银项圈、银链、银手镯和耳环，显得格外艳丽夺目。

畲族妇女是编织刺绣的能工巧匠，如编织的彩带，又称“合手巾带”，即花腰带，图案花纹形式多样，配色美观大方。编织的斗笠，花纹细巧，工艺精致，配以水红绸带、白带及各色珠子，更富有民族特色，是畲族妇女最喜爱的一件装饰品。畲族姑娘将精心织绣的绣帕或彩带送给心爱的情侣，是最好的定情物。

高山族

高山族是生活在台湾岛上的少数民族的俗称，据2000年全国人口普查统计，分布于祖国大陆上的高山族有4，461人，大部分是抗日战争胜利前后来到祖国大陆的。台湾省1989年前后高山族人口大约有50万，主要分布于台湾岛中部地区、东部纵谷平原、西部平原以及兰屿上，被台湾当局统一规划为30个“山地乡”，分属12个县级行政区。学术界根据地理分布和社会文化，将分布于中部山地、东部纵谷和兰屿岛上的泰雅、赛夏、布农、邹、排湾、鲁凯、卑南、阿美、雅美等九个族群称为“九族”。将主要分布于平原和埔里盆地的其他十个族群称为“平埔人”。高山族各族群都有自己的民族语言。高山族语属于南岛语系或称马来——波利尼西亚语系印度尼西亚语族。高山族民族尽管分布很广，但是族群区分很清晰，因而服饰文化也有很大的区别。比较相邻的族群穿着接近，距离远的差异则大。

泰雅、赛夏、北部阿美人的男子穿麻布制成的无袖、对襟外褂；泰雅、赛夏、阿美及邹人妇女，上身穿仅及胸背的对襟长袖短衣，腰裹长裙。胸前戴一块形似肚兜的斜方胸衣，腿部裹护腿。泰雅、赛夏、阿美的女子穿单裙。邹为左右双合裙，过去以文面作为族群的标志。

布农、邹族男子以鹿皮作材料，上身穿带毛的鹿皮背心，外配鹿皮披肩，并在胸、腰部位挂有纹饰的胸袋和腰带；布农族的祖居地，大抵以中央山脉的中段为中心，往东及南移住，活动力强，每年的“打耳祭”是所有祭典中最隆重盛大的。位于阿里山的邹族，传统以天神为信仰，传统男子礼服是以红、黑棉布裁制双面对襟长袖无领上衣，平时以黑色为正面，祭典盛装则反穿红色一面。

高山族服饰

排湾、卑南、鲁凯人及南部阿美人，男子穿对襟、长袖上衣、背心式坎肩，腰部是半腰裙，喜欢在衣领、袖、腰、下摆处镶细条花边，色彩明艳。排湾人是台湾各族群中族群阶级分化比较严重的一族，阶级包含贵族、士、平民三大阶级。“五年祭”是族中最重要的仪式，各贵族家每五年联合举行一个过程复杂的祖灵归返祭。工艺雕刻、制陶及织绣工艺发达，传家三宝有陶壶、琉璃珠及青铜刀。其绚丽华美的服饰工艺，本质上也是贵族阶级制度下的产物。卑南人过去富于尚武精神，该族传统以母系为继嗣法则，家庭以女性尊亲为家长，长女为家系继承人。传统织布色彩鲜丽，十字绣是族人装饰衣物时所常用的一种添饰技艺。鲁凯族居住区涵盖了中央山脉南面的主要山峰，木雕织绣等工艺方面比较先进。每一家有一个家氏，家氏经命名后，不得变更。贵族除了可拥有华丽的家屋，精美的日用器物外，文身与穿戴美丽的衣饰也是贵族的特征。

排湾、布农、鲁凯女子用黑、红布缠头，外箍彩绣头带，穿大襟、右衽上衣，左右开衩都很高，下穿围腰膝裤。

雅美人男子穿对襟坎肩，下身穿丁字裤、头戴藤盔或木盔。妇女穿无袖短上衣，围腰裙。

台湾达悟族为唯一居住于海岛上的原住族群，半地下式的住屋及屋前的凉台是达悟族建筑的一大特色。该族的拼板船造型奇特，闻名中外，“飞鱼祭”为主要祭祖活动，渔捞方法以驰名的“夜间火把诱引飞鱼捕捞法”为主。依性别和年龄区别而平等分配食用不同鱼种。织布技巧复杂，纹样亦多，唯在色彩上相当简单，仅以黑、白二色为主。女子的甩长发舞和男子的勇士舞远近闻名。

高山族男女饰物种类很多，主要有贝料、贝片、琉璃珠、猪牙、熊牙、羽毛、兽皮、花卉、铜银首饰、钱币、纽扣、竹管等，全身上下装饰得五光十色。台湾原住民族具有艺术创造的才能，突出地表现在服饰上，服饰色彩绚丽，华丽精美，装饰考究。妇女的刺绣也享有盛名，色彩鲜艳，几何图案则以蛇纹曲线为主。高山族的服饰图案、日用品、工艺品多选用蛇纹图案。这与他们的居住环境和图腾崇拜有着不可分割的关系。由于高山族生活在蛇类出没的亚热带地区，对蛇的属性、特点有较多的了解。他们把“百步蛇”当作神灵的化身，认为是祖宗的灵魂附在上面，因而不能杀害，并把它作为神灵加以崇拜，如卑南人喜欢蛇雕刻，据说是为了祈求祖先的保佑。

书中所附图片部分由中央民族大学民族博物馆刘军博士提供。

主要参考书目：

1. 杨圣敏主编：《中国民族志》，中央民族大学出版社，2003年版。

2. 邢莉主编：《中国女性民俗文化》，中国档案出版社，1995年版。

3. 徐万邦、祁庆富著：《中国少数民族文化通论》，中央民族大学出版社，2006年版。

4. 首届中国民族服装服饰博览会执委会编：《中国民族服饰博览》，云南民族出版社、云南人民出版社，2001年版。

5. 祁春英编著：《中国少数民族头饰文化》，宗教文化出版社，1996年版。

6. 雷晓明主编：《新世纪的彩虹—首届中国少数民族服饰文化学术研讨会论文集》，红旗出版社，2003年版。

7. 乌云巴图、格根莎日编著：《蒙古族服饰文化》，内蒙古人民出版社，2003年版。

8. 杨正文著：《苗族服饰文化》，贵州民族出版社，1998年版。

图书在版编目(CIP)数据

少数民族服饰/苏日娜编著．—北京：中国社会出版社，2006.9
(中国民俗文化丛书/刘魁立主编)

ISBN 978-7-5087-1356-4

Ⅰ.少… Ⅱ.苏… Ⅲ.少数民族—服饰—简介—中国
Ⅳ.K892.23

中国版本图书馆 CIP 数据核字(2006)第 106947 号

丛 书 名：中国民俗文化丛书
主　　编：刘魁立
书　　名：少数民族服饰
编　　著：苏日娜
策划编辑：李春园
责任编辑：杜　康

出版发行：中国社会出版社　**邮政编码**：100032
通联方法：北京市西城区二龙路甲 33 号新龙大厦
电　话：(010)66080300　(010)66083600
(010)66085300　(010)66063678
邮购部：(010)66060275　电传：(010)66051713
网　　址：www.shcbs.com.cn
经　　销：全国各地新华书店

印刷装订：北京京海印刷厂
开　　本：145mm×210mm　1/32
印　　张：5.75
字　　数：60 千字
版　　次：2006 年 9 月第 1 版
印　　次：2014 年 7 月第 7 次印刷
定　　价：12.00 元